湖北省公益学术著作出版专项资金

Hubei Special Funds for Academic and Public-interest Publications

湖北博物馆馆藏陶瓷文物保护与利用研究丛书（第一辑）

李 奇 主编

湖北明清古建筑博物馆
馆藏瓷器文物保护与利用研究

朱祥德　黎　畅　主编

湖北省博物馆　湖北明清古建筑博物馆　编

孙　甜　副主编

武汉理工大学出版社

·武汉·

图书在版编目（CIP）数据

湖北明清古建筑博物馆馆藏瓷器文物保护与利用研究/朱祥德，黎畅主编；湖北省博物馆，湖北明清古建筑博物馆编.—武汉：武汉理工大学出版社，2023.12

（湖北博物馆馆藏陶瓷文物保护与利用研究丛书 /李奇主编. 第一辑）

ISBN 978-7-5629-6924-2

Ⅰ.①湖… Ⅱ.①朱… ②黎… ③湖… ④湖… Ⅲ.①古代陶瓷—文物保护—研究—湖北 Ⅳ.①K876.34

中国国家版本馆 CIP 数据核字（2023）第 234405 号

Hubei Ming-Qing Gujianzhu Bowuguan Guancang Ciqi Wenwu Baohu yu Liyong Yanjiu

湖北明清古建筑博物馆馆藏瓷器文物保护与利用研究

项目负责人：王　思
责任编辑：王　思
责任校对：黄玲玲
版面设计：正风图文
出版发行：武汉理工大学出版社
地　　址：武汉市洪山区珞狮路 122 号
邮　　编：430070
网　　址：http://www.wutp.com.cn
经销者：各地新华书店
印刷者：武汉精一佳印刷有限公司
开　　本：889 mm×1194 mm　1/16
印　　张：13.5
字　　数：210 千字
版　　次：2023 年 12 月第 1 版
印　　次：2023 年 12 月第 1 次印刷
定　　价：196.00 元

湖北博物馆馆藏陶瓷文物保护与利用研究丛书（第一辑）

编 委 会

《湖北明清古建筑博物馆馆藏瓷器文物保护与利用研究》

编委会

主　编

朱祥德　黎　畅

副主编

孙　甜

编　委

龚泽标　陈小燕　方天宇

刘　真　王钰沂　方淑秀

孙文竹　罗　娜　杨慧莹

P 丛 书 前 言
reface to the book series

陶瓷器物自古以来都是中国非常重要的生活用具、艺术作品和贸易商品，是中国文化中最具世界影响力的元素之一。它贯穿整个中国社会发展历史，每个时期生产的陶瓷器物都承载着那个时期社会发展方方面面的信息，有的幸运地遗留至今成为文物，因陶瓷材料化学性能稳定而成为历史真实的"记录器"。

党的十八大以来，以习近平同志为核心的党中央高度重视历史文化遗产保护传承和文物保护利用工作。习近平总书记多次对此作出重要指示批示："要把历史文化遗产保护放在第一位，同时要合理利用，使其在提供公共文化服务、满足人民精神文化生活需求方面充分发挥作用""要加强考古工作和历史研究，让收藏在博物馆里的文物、陈列在广阔大地上的遗产、书写在古籍里的文字都活起来，丰富全社会历史文化滋养"。

陶瓷材质的文物是各个地方博物馆收藏品中的大宗门类之一，大多征集或出土于当地，是当地社会、经济、文化发展历史的重要见证物。其中，发生破损的陶瓷器物更是在被流转、保护、使用、改造、修补、掩埋过程中，携带着其被制作出来后各个时期中国人行为活动的痕迹，既能呈现中国历史的波澜壮阔，也能反映历代中国人的烟火生活。陶瓷文物是承担新时代文物保护工作历史使命的最佳品种之一。科学推进陶瓷文物的保护利用，是贯彻习近平总书记关于文物工作重要指示批示精神，坚持"保护第一、加强管理、挖掘价值、有效利用、让文物活起来"的新时代文物工作方针，推进文化旅游事业繁荣发展的具体举措。

湖北是文物大省，根据第一次全国可移动文物普查数据，湖北省国有博物馆收藏的可移动文物总量为 1 332 318 件（套），其中陶瓷文物 186 262 件（套），约占文物总量的 13.98%。然而，其中有 38.40% 的陶瓷文物存在不同程度的破损。基于此状况，2018 年 2 月，湖北省文物局组织湖北省文物交流信息中心①实施了"湖北省国有博物馆馆藏陶瓷类文物保护利用研究"课题。该课题以第一次全国可移动文物普查数据为基础，以湖北省国有博物馆馆藏陶瓷文物为研究对象，通过统计调查、实地调查和问卷调查等方式，基本弄清了湖北省国有博物馆馆藏陶瓷文物资源总体情况以及保护利用现状，并对陶瓷文物的管理、保护、展陈、利用及文创开发等进行了研究。2020 年 4 月出版的《湖北省国有博物馆馆藏陶瓷文物保护及活化研究》一书即为此课题的重要成果。但该课题并没有对湖北省各个博物馆馆藏陶瓷文物的保护利用进行具体研究、深入挖掘。此次湖北省博物馆联合省内多家博物馆编写"湖北博物馆馆藏陶瓷文物保护与利用研究丛书（第一辑）"，是对该课题成果的具象化。

本丛书从博物馆实际工作出发，探索陶瓷文物保护修复、展示利用的理论与实务，具有指导性、普及性、实操性，填补了同类出版物的空白，能为湖北省乃至全国各地博物馆馆藏陶瓷文物保护及活化研究提供示范和指引；为湖北省陶瓷文物保护利用提供行动指南，促进湖北省陶瓷文物保护利用整体水平提升；挖掘出尚不为人知的湖北省陶瓷文物资源，发挥最大资源潜能，提升现有珍贵陶瓷器物研究的深度和广度，增强陶瓷文物展陈能力，拓展利用空间；扩大湖北省陶瓷文物资源在全国乃至全世界的影响力，助推当地经济、文化事业发展，从而对普及、传播悠久的中国陶瓷文化，赋能湖北文物事业高质量发展起到积极作用。

湖北省博物馆党委委员、副馆长、研究馆员　李奇
2023 年 8 月

---

① 湖北省文物交流信息中心于 2023 年并入湖北省博物馆，为方便叙述，下文仍沿用原名。

P 前 言
reface

    近年来，文物的保护利用越来越受到关注，运用合适的修复手段来保护文物并挖掘文物更多的信息以便更好地展示和利用，成为近些年来博物馆文物工作的目标。湖北明清古建筑博物馆遵循"有效利用、让文物活起来"的指导思想，委托湖北省文物交流信息中心对馆藏 200 件（套）瓷器文物编制了专项方案，并通过湖北省文化和旅游厅审议批复，顺利予以实施。本书缘起于此，是湖北明清古建筑博物馆馆藏瓷器文物保护修复工作和相关研究成果的提炼总结。

    本书共四章，第一章主要介绍了湖北明清古建筑博物馆地理位置、自然环境、历史沿革，藏品状况和馆藏文物保存环境状况，以及展览展示与宣教成果等；第二章重点阐述了湖北明清古建筑博物馆馆藏珍贵瓷器文物保护修复措施，从项目历史保护修复情况及后续保护修复情况两个方面进行阐述，主要内容包括项目概述、现状调查、检测分析、价值评估、保护修复技术路线、保护修复实施过程、保护修复重难点及其处理、部分瓷器文物保护修复前后对比等；第三章主要涉及湖北明清古建筑博物馆瓷器文物收藏保管与展示利用研究，进一步总结了瓷器文物保护修复经验与预防性保护建议，并有针对性地提出了馆藏瓷器文物于保护修复后、保管中、展陈中的收藏保管对策，深入提炼馆藏瓷器文物价值，结合实际情况归纳出未来馆藏瓷器文物展示利用的新思路；第四章展示了湖北明清古建筑博物馆瓷器文物精品。

    本书回顾和梳理了湖北明清古建筑博物馆近年来各项工作，厘清了博物馆文物资源、文物保护、展览陈列、宣传教育等方面的内在联系和发展历程，同时，也为瓷器文物藏品的科学保护和活化利用提供了可借鉴的经验和新路径，希冀为今后同类型工作的开展提供有价值的参考。

本书由湖北明清古建筑博物馆朱祥德、湖北省博物馆黎畅担任主编，湖北明清古建筑博物馆孙甜担任副主编。朱祥德统筹安排本书的编写任务，负责拟定本书大纲，完成书稿最终审核；孙甜负责撰写本书第一章以及第三章和第四章主要内容，并承担相关资料收集和照片整理工作；黎畅负责撰写第二章以及第三章和第四章部分内容，并承担资料分析和文物检测分析数据的处理工作。

　　由于编者水平有限，书中难免存在错漏之处，恳请读者批评指正。

编　者

2023 年 9 月

C目 录
$\mathsf{ontents}$

第一章
湖北明清古建筑博物馆瓷器藏品基本状况

第一节　地理位置及自然环境

　　湖北明清古建筑博物馆(图 1-1)位于武汉市黄陂区木兰乡境内,坐落于国家水利风景名胜区、风景秀丽的木兰湖畔。木兰湖南距武汉市中心城区 38 千米、黄陂前川街道 15 千米,其西、北、东三面分别与孝感市孝昌县、大悟县和黄冈市红安县接壤,西距孝感市 30 千米、随州市 100 千米,东距麻城市 60 千米,北距河南省信阳市140 千米。从武汉出发,通过岱黄、沪蓉、麻安、武麻等高速公路可便捷地到达木兰湖。武大高速建成后,从高速口到木兰湖车程将缩短至 10 分钟以内。2014 年,黄陂区政府按国家 AAAAA 级旅游景区的标准改造了环木兰景区的公路。

图 1-1　湖北明清古建筑博物馆全景

该地区属亚热带季风性湿润气候区，具有雨量充沛、日照充足、四季分明(夏高温、冬季稍凉湿润)等特点。一年中，1月平均气温最低，为3.0 ℃；7月平均气温最高，为29.3 ℃，夏季长达135天；春秋两季各约60天。初夏梅雨季节雨量较集中，年降水量为1 205毫米。

木兰湖与荆楚名岳木兰山毗邻，这里水丰鸟美、人杰地灵，是适合观光旅游、休闲度假的省级旅游度假区，被人们誉为"荆楚明珠""武汉市的后花园"，是木兰八景之一。木兰湖水域宽广、水质优良，湖区面积40平方千米，其中水域面积20平方千米；湖岸线长57千米，有132个湖汊、23个岛屿、13个泉眼。木兰湖鸟岛常年栖息着各种鸟类10余万只，其中30%为国家二级保护动物。春秋之际，鹭鸟在此交替云集，蔚为壮观。

第二节　博物馆历史沿革

湖北明清古建筑博物馆总占地面积167亩(约11.13万平方米)，展馆面积8 300平方米，于2008年6月建成并正式对观众免费开放，其辖管的雨霖古建筑群为第五批湖北省文物保护单位(图1-2)。湖北明清古建筑博物馆于2018年被评为国家二级博物馆(图1-3)。同时，其还是湖北省科普教育基地、武汉市科普教育基地、武汉市爱国主义教育基地、黄陂区科普示范场馆，华中科技大学、湖北工业大学、上海视觉艺术学院、鄂州职业大学等高校的实践教学基地。

湖北明清古建筑博物馆，现单位注册全名为湖北省古建筑保护中心(湖北明清古建筑博物馆)，其前身可以追溯至湖北省文化厅古民居抢救保护中心主持承担的东湖古民居风俗园建设项目。2003年，根据《湖北省机构编制委员会关于省文化厅设立古民居抢救保护中心的批复》(鄂编发〔2003〕19号)文件精神，设立"湖北省文化厅古民居抢救保护中心"，为省文化厅所属处级事业单位，由省文物局管理。同年，湖北省文

图 1-2　雨霖古建筑群标识牌　　　　　图 1-3　湖北明清古建筑博物馆国家二级博物馆证书

化厅古民居抢救保护中心召开东湖古民居风俗园建设项目专家咨询会（图 1-4）；2004年，启动筹建古民居园工作。2005 年开始，经国家文物局批准，并经湖北省发展改革委立项，湖北省文化厅古民居抢救保护中心采取征集、搬迁、复建保护的方式，将湖北省一部分具有较高历史、科学、艺术价值且保存完整的优秀古建筑搬迁至黄陂木兰湖实行永久性保护，并建立主题博物馆。根据《省文化厅关于古民居园建设项目确定的批复》（鄂文化小〔2005〕186 号）文件精神，将古民居园建设项目名称确定为"湖北明清古民居建筑博物馆"，同时加挂"湖北明代藩王博物馆"牌子。2005 年 9 月22 日，举行湖北明清古民居建筑博物馆开工典礼（图 1-5）。

图 1-4　2003 年东湖古民居风俗园建设项目专家咨询会　　　图 1-5　2005 年湖北明清古民居建筑博物馆开工典礼

2006年9月，根据《省机构编制委员会关于省文化厅古民居抢救保护中心加挂牌子的函复》（鄂编函〔2006〕47号）文件精神，在"湖北省文化厅古民居抢救保护中心"加挂了"湖北省文化厅古建筑保护中心"牌子。

2007年，"湖北省文化厅古建筑保护中心"获国家文物局授予的"文物保护工程勘察设计甲级资质"。2007年6月，根据《省文化厅关于同意省文化厅古建筑保护中心设立湖北明代藩王博物馆的批复》（鄂文化办〔2007〕105号）文件精神，将"湖北省文化厅古民居抢救保护中心"承担建设的木兰湖"湖北明清古民居建筑博物馆"更名为"湖北明代藩王博物馆"。

2015年3月，根据《省文化厅关于部分直属事业单位机构调整的通知》（鄂文化办〔2015〕12号）文件精神，部分湖北省文化厅直属事业单位进行了机构调整，"湖北省文化厅古民居抢救保护中心（湖北省文化厅古建筑保护中心）"更名为"湖北省古建筑保护中心（湖北明清古建筑博物馆）"。

湖北省古建筑保护中心（湖北明清古建筑博物馆）由古建筑保护中心和博物馆两个职能机构共同组成。其中，办公地址位于武汉市区的古建筑保护中心，职能是在国家文物保护法律法规的框架内，对全省古民居建筑加强管理，制订保护措施，实施抢救性保护；负责全省古文化遗址古墓葬保护、古建筑维修保护、近现代文物建筑保护、文物保护规划。馆址位于黄陂木兰乡的博物馆，职能是做好馆区建设维护和免费开放的宣传、教育、研究、服务工作，以及古建筑专题历史文物、明代藩王文物、民间民俗文物的征集收藏。

成立以来，湖北省古建筑保护中心致力于做好优秀传统文化遗产的传承工程，积极完成各类项目，在把不可移动文物保护的规划编制、勘察设计、影响评估和可移动文物保护等优势项目做大做强的基础上，探索文物保护工程科技保护手段的引入，主持和参与了省内外古建筑、古遗址、古墓葬、近现代重要史迹及代表性历史建筑、工业遗产等文物保护项目共500余项，涉及湖北省3处世界文化遗产的项目有28项，涉及全国重点文物保护单位的项目有206项，涉及省级文物保护单位的项目有近300项。其中，古遗址及古墓葬47项，古建筑300余项，近现代重要史迹和代表性历史建筑 99 项，革命文物 64 项，工业遗产 14 项。

　　2010 年，湖北省古建筑保护中心主持的"世界文化遗产——武当山紫霄大殿维修保护研究"成果获武汉市科技进步奖二等奖。

2017 年 3 月 21 日，湖北省人民政府奖励唐崖土司城址申遗工作相关单位和个人，湖北省古建筑保护中心获得事业单位集体三等功。2018 年，湖北省古建筑保护中心勘察设计的"湖北武汉大学早期建筑——理学院文物保护修缮工程"获得国家文物保护工程行业的最高荣誉——全国优秀古迹遗址保护项目（图 1-6），这也是湖北省文物保护工程第一次获得该荣誉。

图 1-6　全国优秀古迹遗址保护项目荣誉证书

　　湖北明清古建筑博物馆（图 1-7、图 1-8）作为一座古代建筑及明代藩王历史文化专题性博物馆，依托湖北省内已搬迁复建的 12 栋明清时期的名人故宅、富商豪宅、百姓民居、宗祠会馆等，组成古建筑实体展示。与此同时，在古建筑内设有基本陈列"湖北明代藩王历史文化专题展"和"神工意匠——古代建筑知识展"，展厅分别设于卢家老宅和国民革命军第二十四师师部（方言学堂）旧址内，另有馆内古建筑陈献甲宗祠作为临时展览专用展厅。馆区成为以明清古建筑为依托，展现荆楚民俗文化和风土人情，遗产保护与休闲体验相结合的新型历史文化展示区，让观众在享受荆楚古建筑艺术魅力的同时，感受荆楚地域博大精深的传统文化的悠久历史。

　　2015 年 11 月，为了丰富博物馆建筑类型，在咸丰县政府的支持下，湖北明清古建筑博物馆鄂西吊脚楼建设项目开始实施。鄂西吊脚楼建设完工后，与馆内古建筑庞氏老屋一起作为博物馆的公众服务和社会教育空间，在公众和博物馆之间建立了互动关系，为公众提供了丰富多样的体验教育和贴心服务，极大地提升了湖北明清古建筑博物馆的整体服务水平。

图 1-7　湖北明清古建筑博物馆古建筑群

图 1-8　湖北明清古建筑博物馆大门

近年来，湖北明清古建筑博物馆持续发力扩展业务维度，提升公共文化服务效能，努力提高免费开放水平，完善展陈内容，丰富博物馆内涵，打造全省乃至全国范围内以古建筑为特色的博物馆；力求拓展文物藏品公益鉴定范围，探索博物馆藏品文物征集方式；大力发展文创开发事业，扩大公共服务范围。在保护、展示、研究和教育方面不断谋求发展，凝心聚力传承和宣传中国优秀的历史文化遗产和传统文化知识。

第三节　博物馆藏品状况

一、馆藏不可移动文物

　　依照"保护为主、抢救第一、合理利用、加强管理"的文物工作方针，借鉴三峡工程库区地面文物建筑集中搬迁复建项目和其他类似项目的成功经验，在经过科学规划论证后，湖北省古建筑保护中心对一批湖北境内具有重要历史、科学、艺术价值，但其本体及周边环境已遭不可逆破坏，缺乏有效手段进行原址保护的古民居建筑及其构件，实行集中搬迁复建保护，并辅以相关配套设施。最终形成一个以保护湖北明清古民居遗产为目标，以展存古建筑实体为主题，以展示明代藩王历史文化为特征，将遗产保护与文化传承相结合的专题性博物馆——湖北明清古建筑博物馆。

　　湖北明清古建筑博物馆自 2008 年正式对外开放以来，搬迁至馆内复建的 12 栋明清时期的名人故宅、富商豪宅、百姓民居、宗祠会馆等文物建筑得到了科学保护、合理利用，馆内的不可移动文物藏品主要就是这 12 栋搬迁复建的文物建筑。

（一）卢家老宅

卢家老宅（图 1-9、图 1-10），原址位于武汉市武昌区陈家巷正街 17 号，建于清代光绪年间。

清代晚期，武昌白沙洲长江边一带是著名的竹木集散地和商贸码头，许多竹木商人在那里筑舍建宅，形成了规模较大的建筑群。卢家老宅为清代竹木商人卢明凌的宅第，建筑面积 747 平方米，占地面积约 426 平方米。建筑结构为木结构，梁架为穿斗式，建筑主体平面为长方形，面阔三间，进深三进。全屋明、次间均设有梁架。厅堂、后屋及两侧厢房设有楼板与楼板枋，为单坡式屋面，正堂为人字坡式屋面。建筑墙基用红砂岩条石垒砌形成基础面，主体部分为硬山式屋面，盖小青瓦。墙体均为围护结构，不起承重作用。内墙粉刷，外墙混水，山墙出墀头。

图 1-9　卢家老宅保护修复前（摄于 2008 年）

图 1-10　湖北明清古建筑博物馆文物建筑——卢家老宅（摄于 2023 年）

　　卢家老宅为武汉市优秀历史建筑，是仅存的可供研究武汉码头建筑文化的历史建筑实物。2006 年，武汉市武昌区陈家巷一带进行整体开发，为了留存下这难得的建筑文化遗产，在经武汉市、武昌区两级政府批准后，武汉市巡司河物业发展有限公司出资，将卢家老宅抢救性搬迁至湖北明清古建筑博物馆内复建，实施了永久性保护。

(二) 阮和平老屋

阮和平老屋(图 1-11 至图 1-13)原址位于咸宁市通山县黄沙铺镇，建于清代中期。

阮和平老屋占地面积 275 平方米，由前厅、天井、厢房、后堂四部分组成。前厅大门由石制门框、门枕石、门轴石和门肩石构成。大门上方刻有精美的"双狮滚绣球"石匾。匾上方有灰塑"一瓶三戟"图案，寓意屋主人"连升三级"。室内柱网呈对称布局，左、右侧柱间为木隔断，明间楼层比两旁次间楼层高出 1.2 米。屋面为硬山式，二层次间设有楼梯口，后部有精致雕花栏杆和隔扇。后堂为穿斗式梁架，分明间、次间和稍间，前后两根大梁雕有精美木透雕。为避免雨水大量溅入室内，天井四周设有石望柱栏板；周边的前厅、后堂、厢房下都有石下槛，用以防水、防潮、防蛀。

黄沙铺镇位于咸宁市通山县大幕山下，不仅是一个古老的村镇，同时也是红色旅游胜地。1929 年，中国工农红军第五军在此驻扎；1932 年，通山县第三次工农兵苏维埃会议在此地召开；1933 年，此地是中共湘鄂赣省委驻地。阮和平老屋不仅彰显了传统文化遗产的精华，也见证了湘鄂赣革命根据地大革命的历史。

图 1-11 阮和平老屋保护修复前(摄于 2005 年)

图 1-12 阮和平老屋保护修复后(摄于 2023 年)

图 1-13 湖北明清古建筑博物馆文物建筑——阮和平老屋

（三）阮士保老屋

阮士保老屋(图1-14至图1-16)原址位于咸宁市通山县黄沙铺镇，建于清代嘉庆年间。

阮士保老屋建筑面积约200平方米，人字坡式小青瓦屋顶，明间为穿斗式木结构，次间为硬山搁檩。主体建筑三开间，正堂两边为厢房，有前庭、单步回廊和后堂，左右次间，正房、厢房的隔扇门窗都开向内院，檐廊与院内周围回廊相连，是一个较完整的围合式基本单元。装饰在门罩、窗楣、梁柱、窗扇上的砖、木、石雕，工艺精湛，形式多样，造型优美，栩栩如生。长方形门楣是用白底起黑色苏式莲花图案，中间"丕振家声"四字体现了屋主人对家族兴旺的美好向往，下方是石门框，顶部的石门楣上雕刻吉祥花草，线条柔美，变化多样。左右石基的正面雕刻吉兽，背面雕刻吉祥花草。镂空石雕窗美化了建筑装饰。白墙、青瓦、马头墙、砖木石雕以及层楼叠院、曲径回廊的和谐组合，构成湖北传统民居建筑的基调。阮士保老屋沿用封闭式天井院落的格局，房屋外观采用建材本色，白墙、灰砖、黛瓦；老屋上下两层的内檐装修颇为讲究，阴刻双狮舞绣球、丹凤朝阳、福寿延年等传统图案。隔断用一色的隔扇门，均采用镂空雕花，堂屋上的梁枋用雕梁，堂屋中间天花藻井用卷棚、八卦等装饰，轻快美观。该老屋打破了民间住宅的传统做法，外檐置一斗三升斗拱，丰富了檐口造型，增添装饰效果，是我国传统民居建筑的艺术精品。

图 1-14 阮士保老屋保护修复前（摄于 2005 年）   图 1-15 阮士保老屋保护修复后（摄于 2023 年）

图 1-16 湖北明清古建筑博物馆文物建筑——阮士保老屋

（四）廖氏官堂

廖氏官堂（图 1-17 至图 1-19）原址位于咸宁市崇阳县金塘镇，建于明代洪武年间。

廖氏官堂现存部分面阔五间，一组三进，分别为下堂、中堂和上堂，由院落相连。下堂为官堂的正面入口，大门檐下设有斗拱，硬山搁檩结构。中堂、上堂均为穿斗式结构，明间则借鉴了抬梁式的建筑结构特征，增加枋的断面尺寸，枋不仅穿柱而且还抬柱，使部分柱子不落地，扩大了室内的使用空间，使堂屋的公共活动空间能得到最大限度的利用。廖氏官堂为悬山式建筑，屋面坡度平缓，用材粗犷，上堂金柱直径达 80 厘米，建筑多处使用斗拱，月梁形穿枋，中堂、上堂柱础粗壮、古朴。这些建筑特征都显现了明代建筑的基本要素。脊檩下的斗拱，从明间到次间共有 8 朵。一般情况下，斗拱只限于各种高等级建筑及寺庙的主体建筑使用，斗拱的层数和个数越多，建筑等级越高。廖氏官堂有如此多的斗拱，在湖北民居中极为罕见。

族谱记载，廖氏家族于唐宣宗初年从浙江金华迁徙而来。其先祖在镇压唐末农民起义中，为朝廷累立战功，至元末明初，又为朱明江山立下了汗马功劳。明朝洪武年间，朝廷追封廖氏先祖廖忠为虎威将军，其弟廖恕为瑞国公，赐修官堂、庙宇并予公祭。官堂内部有摘录于廖氏家谱的祖训："孝顺父母，友爱兄弟，恪谨祭祀，笃厚宗族，培植祖茔，训课子孙，矜恤寡幼，严定抱养，惩治匪类，整肃圭田"。这座处于崇山峻岭之中的明代早期家族式官堂，为研究我国明代民间建筑制度和政治经济、历史文化状况提供了重要的实物资料。

图 1-17　廖氏官堂保护修复前（摄于 2003 年）

图 1-18　廖氏官堂保护修复后（摄于 2023 年）

图 1-19　湖北明清古建筑博物馆文物建筑——廖氏官堂

（五）山陕会馆

山陕会馆（图 1-20 至图 1-22）原址位于枣阳市鹿头镇，建于明末清初。

会馆最早由行会组织发展演变而来。随枣走廊是明末清初中国南北政治、经济、文化交流的主要交通要道，地处古驿道中心的湖北枣阳经济繁荣，商人云集，商号林立。早年间山陕会馆仅为一座很小的关帝庙，清乾隆年间，山西与陕西商人为谋求更大的发展，以汉光武帝刘秀的家乡枣阳为基地，托敬山西籍汉室忠臣、武圣及财神关羽，经数年筹备，集资修建会馆，以达集会议事、通商叙谊、安旅交友的目的。因以馆为庙，主祀武圣关羽，故民间又称会馆为山陕庙。山陕会馆历经数百年发展，到清末形成了规模较大的古建筑群。后因战乱及人为破坏，该会馆只遗留下前厅"大拜殿"和后堂"大座殿"两个部分。

史料记载，在现存前厅"大拜殿"和后堂"大座殿"之前，会馆入口处还建有门楼，也就是戏楼，以及钟楼、鼓楼等，但它们已相继被毁。在抢救性搬迁复原设计中，参考同地区清代遗留的同类型建筑，沿主殿中轴线复建了门楼（戏楼）、钟鼓楼等建筑。戏楼内衬有自然、美观的四季屏风，护栏下绘有苏式彩绘，显得华丽、壮观，增加了建筑的韵味和内涵。戏楼两旁的钟鼓楼上雕有玉箫、花篮等"暗八仙"纹饰。前殿前壁亦为砖墙，前有走廊，中间开有四窗，东、西侧各开一门，内外墙体由青条砖砌筑而成，均为清水墙面。前厅"大拜殿"和后堂"大座殿"为木结构梁架，明间为抬梁架式，两次间为硬山搁檩。前厅面阔 12 米，前、后殿通进深分别为 7.4 米和 8.5 米。明次间完全相通，柱下有鼓形柱础。两侧山墙呈猫拱背形，曲线优美，有吉祥如意的寓意。后堂的前檐设有 8 朵如意斗拱，正脊两端置有鸱吻。正脊上塑有美观大方的菊花，垂脊则采用龙的造型，显得气势非凡。

山陕会馆是湖北省现存行会、会馆类建筑不可多得的一个实例，是研究湖北省行会、会馆历史以及建筑形式的实物佐证，具有较高的文物保护价值。

图 1-20　山陕会馆保护修复前（摄于 2003 年）

图 1-21　山陕会馆保护修复后（摄于 2023 年）

图 1-22　湖北明清古建筑博物馆文物建筑——山陕会馆

（六）节孝坊

节孝坊（图 1-23 至图 1-25）原址位于咸宁市通山县杨芳林乡，建于清代光绪年间。

图 1-23　节孝坊保护修复前（摄于 2005 年）

图 1-24　节孝坊保护修复后（摄于 2023 年）

图 1-25 湖北明清古建筑博物馆文物建筑——节孝坊

　　牌坊，亦称牌楼，是中国特有的一种古典建筑类型，有很强的标识、纪念、彰显的功能和作用，基本构造大致包括基础、立柱、额枋、字牌和檐顶。就牌楼的规模而言，往往以"间"（即两柱之间的通道）来确定，分为单间、三间、五间。从建筑材料来说，又有木、石、砖、琉璃等结构的牌坊。

　　牌坊屋是牌坊与房屋相结合的一种建筑类型，在鄂东南较为常见。节孝坊（牌坊屋）正面为牌坊形式，四柱三间，其立面汇集了精美的泥塑、彩画与雕刻，并有"皇恩旌表""儒士黄保赤之发妻张氏""节孝坊"等字样的石匾。"节孝坊"三字为清光绪皇帝为旌表儒士黄保赤之发妻张氏的名节而亲笔题写。牌坊后的房屋，一进三间，二层结构，底层铺木地板。人字坡式屋面，硬山搁檩，山墙和檐墙均做有墙帽和墀头。牌坊屋巧妙地将牌坊和住宅有机结合在一起，既彰显了主人的功德、名节，又解决了后人的居住空间问题，是鄂东南民居的典型代表，其建筑特点具有极高研究价值。

（七）陈献甲宗祠

陈献甲宗祠（图 1-26 至图 1-28）原址位于黄石市阳新县浮屠镇献甲村，建于明代中期。

图 1-26　陈献甲宗祠保护修复前（摄于 2003 年）

图 1-27　陈献甲宗祠保护修复后（摄于 2023 年）

图 1-28　湖北明清古建筑博物馆文物建筑——陈献甲宗祠

　　史料记载，陈献甲是明万历年间当地著名的豪绅，富甲一方。明代中后期，战事频繁，陈献甲因向朝廷捐粮两万担，被明朝皇帝赐予"恩荣""真良家"牌匾，赐建宗堂并允许其不受"庶民所居房舍不过三间五架，不许用斗拱及彩色装饰"这一法规约束，比照公侯等级建屋。陈献甲宗祠是湖北地区典型的家族式宗祠。宗祠前设有广场、明堂。广场上有三道八字墙门楼及照壁，第一道八字墙门楼下方设有鼓形下马石，古时达官贵人至此，必须下马、下轿方能入内。广场东西两侧所建照壁均有斗拱、须弥座。大门做在影壁墙中间，三开间，为戟门形广亮式屋宇门，建筑等级较高，民间的这种越制做法，在明代历史中实属罕见，在湖北民居建筑历史中堪称孤例。按《大明会典》中的规定，公侯"家庙三间五架"。越此规定，当满门抄斩。陈献甲宗祠使用明五暗三的形式，则踩在公侯建筑等级的边上，但梁架使用九檩，则是明显的"僭越"，如无皇帝的御敕，应被治罪。大门两侧设立抱鼓石，高约 1.5 米，雕刻极为精细。大门上方正中供有横匾"旌表义民陈任远之门"。二进拜殿"金砖墁地"，主梁架有明代万字纹图案浮雕，做工考究。在湖北，这种类型的明代宗祠能保存到今天，极为罕见。

（八）半部世家

半部世家(赵氏老屋，见图 1-29 至图 1-31)原址位于黄石市阳新县白沙镇巢门村，建于清代晚期。

族谱记载，原屋主赵启辉系北宋太祖皇帝赵匡胤的后裔(第 31 代孙)。宋末，蒙军大举南侵，南宋皇室南迁经过湖北境内时一部分滞留繁衍至今。百年前，赵氏为建其宅，曾派出数名工匠赴武昌等地收集资料，绘图成册，随后据此精心建造了庞大的庄园建筑群，现存仅为原建筑群的一部分。

赵氏老屋面阔三间，平面近方形，整体呈对称布局。门厅前有镂空雕花门楼，门厅内有隔扇屏风；天井两侧的厢房(书房)内可攻读、会客，建筑构思十分精巧。环绕天井的看枋设有垂花柱，柱头雕有狮、象、麒麟，柱底有花篮和灯笼，柱间雕有神话、戏剧故事和别致的花罩装饰。二层环廊处设"美人靠"。后堂内的鹅颈轩、方形藻井、如意轩、额枋及斜撑都有寿山福海等历史传说故事的单面透雕，耐人寻味。堂内不设立柱，整个空间宽敞明亮，造就了传统民居科学合理的生存艺术空间，是江南民居的典型代表。赵氏老屋高墙封闭自成一体，马头翘角错落有致，白墙黛瓦典雅大方，雕刻工艺精美绝伦；建筑外观青砖门罩，砖雕镂窗，木雕楹柱；彩绘以"暗八仙"、吉祥草、山水画、百鸟图相组合，使建筑美轮美奂。赵氏老屋大门的匾额上刻着"半部世家"四个字，出自赵宋王朝"半部《论语》治天下"之说。孔子的《论语》为封建士大夫的启蒙读物，是历代科举考试的必读教科书，赵家门楣的"半部世家"匾额，把儒家学说忠、孝、仁、爱的为政之道，济世利人的道德修养和处世心态体现得淋漓尽致。古人云："无雕不成屋，有刻斯为贵"。赵氏老屋的雕刻工艺具有较高的历史、艺术、科学价值。

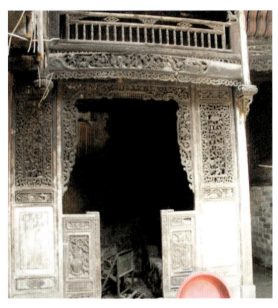

图 1-29　半部世家保护修复前（摄于 2005 年）

图 1-30　半部世家保护修复后（摄于 2023 年）

图 1-31　湖北明清古建筑博物馆文物建筑——半部世家

（九）竹林旧宅

竹林旧宅（又名阮班托老屋，见图 1-32 至图 1-34）原址位于咸宁市通山县黄沙铺镇中通村，建于清代康熙年间。

族谱记载，屋主人先祖阮籍为魏晋七名士之一，因常聚竹林、针砭时事，被尊称为"竹林七贤"，可谓"古时明月下，竹林有七贤，今有阮家祠，问贤思古人"。清康熙年间，阮家后人从江西迁到湖北通山，为敬仰先贤修建了竹林堂，称竹林旧宅，距今已有三百多年历史。

竹林旧宅分为前厅、天井、厢房、后堂四部分。明次间用木隔断，后堂穿斗梁架，柱不落地，立于大额枋之上，扩大了室内使用面积。其檐下彩绘图案有祥云、花卉、"暗八仙"等。外墙绘有各种吉祥物和花草图案，如绘有象征福气到来的"蝙蝠"和象征长寿好运的"松鹤常青"图。大门下方，左右对称，各有一块石墩，称门枕石；大门上方有两个凸出的圆木柱，即门簪，因其位于门户之上且为双数，故也被称为户对。两者一起，俗称"门当户对"，即除了镇宅装饰作用外，还象征着宅第主人的身份、地位、家境。在古代，等级制度森严，联姻时极看重家世背景，要求"门当户对"。竹林旧宅虽为清代所建，却带有早期建筑痕迹，具有整体美、自然美和朴素美，为鄂东南具有代表性的典型传统民居。

图 1-32　竹林旧宅保护修复前（摄于 2005 年）

图 1-33　竹林旧宅保护修复后（摄于 2023 年）

图 1-34　湖北明清古建筑博物馆文物建筑——竹林旧宅

湖北明清古建筑博物馆馆藏瓷器文物保护与利用研究

（十）舒家老屋

舒家老屋（图 1-35 至图 1-37）原址位于咸宁市通山县杨芳林乡，建于清代中晚期。

图 1-35　舒家老屋保护修复前（摄于 2003 年）

图 1-36　舒家老屋保护修复后（摄于 2023 年）

028

图 1-37　湖北明清古建筑博物馆文物建筑——舒家老屋

　　舒家老屋属院落式二层砖木结构，分为前厅、天井、东西厢房、后堂四个部分。前厅大门平面内凹并侧向西南面，表面上是受风水思想影响，实际上是利用自然环境建宅的一种建筑艺术手法。中国传统民居选址，注重负阴抱阳、藏风聚气，反映中国传统的"天人合一"思想。舒家老屋大门斜置，避开山峰，朝向山坳，一是利于气流畅通，二是从室内远眺，视野开阔，使人心旷神怡。外墙的檐口、墀头山尖等处均绘有吉祥纹饰，均采取传统的淡彩退晕技法，很有地方特色。明次间由砖墙隔断，两次间均有楼梯供上下楼。舒家老屋两侧柱网呈对称布局而墙体分布不对称，东西厢房两侧也略有差异，厢房外墙两侧都有天井，右侧次间有一小天井，局部空间为厨房和仆人用房，显示出传统民居灵活多变的设计手法。舒家老屋原是三进，由于年久失修，毁掉了一进，为了遵循严格按原址样式建造的原则，厅堂开了门。后堂明间大梁上有斗拱和驼峰。次间为硬山搁檩结构，楼面通过厢房与前厅二层相连。围绕着天井的前厅、左右厢房、后堂的大梁上，分别刻有"郭子仪拜寿""姜太公钓鱼""武吉卖柴""文王上殿"等精美的木透雕，寓意深刻。舒家老屋木雕技艺精湛，所绘故事场面生动形象，人物刻画栩栩如生。

（十一）庞氏老屋

庞氏老屋（图 1-38 至图 1-40）原址位于咸宁市崇阳县白霓镇大市村，建于清代中期。

庞氏老屋平面呈方形，以前厅、天井和堂屋为中轴线建设，两边辅以厢房，左右对称，布局完整、严谨。天井四周门窗隔扇上的人物、花鸟、动物木雕图案栩栩如生。正堂硕大的石柱基础和方形石质立柱将该建筑衬托得气势雄伟。建筑结构以砖木混合为主。梁架多为穿斗式，墙体由青砖砌筑而成，屋面干摆小青瓦，屋脊青瓦垒砌，高两层，南北两侧为五花山墙，马头墙样式体现了庞氏老屋的独特韵律。正立面左右两侧分别对称设有离地 1.8 米的圆形和方形镂空石窗，花纹图案为拐子锦。墙垛上的图案分别表示"福到人家""年年有余""喜上眉梢""江南锦绣""松鹤同春"等。

庞氏家族务农经商、生息繁衍、治理地方所沿用的家训格言形成了独特的民风民俗，大量历史信息和深厚传统文化底蕴丰富了非物质文化遗产价值。这座传统民居的建筑风格和装饰艺术具有较高的历史、科学、艺术价值，是鄂东南民居中具有较高价值的典型代表，具有很高的文物保护价值与鉴赏价值。

图 1-38 庞氏老屋保护修复前（摄于 2005 年）

图 1-39 庞氏老屋保护修复后（摄于 2023 年）

图 1-40 湖北明清古建筑博物馆文物建筑——庞氏老屋

（十二）国民革命军第二十四师师部（方言学堂）旧址

国民革命军第二十四师师部（方言学堂，见图 1-41 至图 1-43）旧址原址位于武汉市武昌区首义路 71 号，建于清末，原为清末军机大臣、湖广总督、洋务运动领袖张之洞兴办的方言（外语）学堂，后一度作为清末湖北留美预备学堂。1926 年，国民革命军第四军叶挺独立团攻克武昌后扩编为国民革命军第二十四师，将师部设置于此。

国民革命军第二十四师师部现存旧址占地面积 500 平方米，平面为长方形，面阔三间，进深二进，为砖木结构，正侧面均有麻石台阶、隔扇大门，内有壁炉等设施，整个建筑原貌保持较好，是武汉地区少有的中西合璧庑殿式建筑。屋顶是中国传统的庑殿顶，建筑内用西式壁炉，屋顶留有两个烟囱，在建筑外观和实用功能上，将中西建筑文化巧妙结合，形成了这座建筑的最大特色。走廊台基由红砂岩条石砌成，上方四周彩绘花纹图案。四周檐下有约 2 米宽的条石外廊，环以 24 根间距相等的红色方木廊柱，柱下为麻石方墩。屋身外檐为传统的木构架，檐柱以槛枋相连，槛枋与檐口相交处有雀替。帘架中心有鹤颈式翻轩；屋正身为砖结构，室内分隔成六间房，中间有烟囱式壁炉。屋顶样式单层正檐漏花，小青瓦屋面。正屋明间做隔扇门 10 扇，为六抹头隔扇门，涤环板饰如意交叉垂花，裙板饰宝瓶插花浮雕。

该建筑是第一次国共合作时期重要的历史遗存，1995 年，被武汉市人民政府公布为武汉市文物保护单位，因工程建设需要，经省委、省政府同意，于 2006 年搬迁至湖北明清古建筑博物馆内复建保护。

图 1-41 国民革命军第二十四师师部旧址保护修复前

（摄于 2006 年）

图 1-42 国民革命军第二十四师师部旧址保护修复后

（摄于 2023 年）

图 1-43 湖北明清古建筑博物馆文物建筑——国民革命军第二十四师师部旧址

二、馆藏特色建筑藏品

湖北明清古建筑博物馆内鄂西吊脚楼（图1-44）是重要的馆藏特色建筑，由恩施土家族苗族自治州咸丰县政府于2015年捐赠，其建造过程充分体现了鄂西土家族吊脚楼营造技艺。土家族吊脚楼营造技艺于2011年被列入第三批国家级非物质文化遗产名录。

图1-44 湖北明清古建筑博物馆建筑藏品——鄂西吊脚楼

吊脚楼是鄂西土家族山地文化的代表性建筑形式，具有丰富的文化底蕴和民族特色。土家族吊脚楼普遍采用半干栏式构造，一般设计两层，底层架空防潮，多用于堆放杂物和圈养家畜，上层是饮食起居之所。土家族先民多就地取材，以木材为主搭建吊脚楼的主要构架，石料为辅砌筑台基。吊脚楼平面呈"U"形，穿斗式梁架，中间正房为堂屋，左右两侧为厢房。为增加房屋前坪活动空间，堂屋入口处略向内缩进。堂屋为三开间，共三间房，建造在石砌台基上；两侧厢房与堂屋建在同一平面，下层架空，两侧厢房各两间且均有一圈外廊。堂屋屋顶为悬山式，两侧厢房外侧屋顶为歇山式，翼角高高翘起。堂屋和两侧厢房屋顶高度差形成的三角形山花，主要起通风采光的作用。

三、馆藏可移动文物

可移动文物藏品的保管和研究利用，是现代博物馆的核心功能之一。截至 2022 年年底，湖北明清古建筑博物馆藏有各类可移动文物藏品总计 25 272 件(套)，按文物等级划分，包括一级文物 8 件(套)，二级文物 57 件(套)，三级文物 1 265 件(套)，一般文物 535 件(套)，未定级文物 23 407 件(套)；按文物类别划分，包括瓷器 1 630 件(套)，雕塑 7 件(套)，度量衡器 3 件(套)，古籍图书 1 件(套)，家具 77 件(套)，交通、运输工具 1 件(套)，金银器 33 件(套)，古钱币 23 450 件(套)，石器、石刻、砖瓦 3 件(套)，铁器、其他金属器 31 件(套)，铜器 1 件(套)，文件、宣传品 17 件(套)，文具 2 件(套)，玉石器、宝石 2 件(套)，竹木雕 1 件(套)，标本、化石 2 件(套)，其他类 11 件(套)，详见表 1-1。

表 1-1　湖北明清古建筑博物馆可移动文物藏品类别构成

序号	文物类别	数量/件(套)
1	古钱币	23 450
2	瓷器	1 630
3	家具	77
4	铁器、其他金属器	31
5	金银器	33
6	文件、宣传品	17
7	雕塑	7
8	石器、石刻、砖瓦	3
9	度量衡器	3

续表1-1

序号	文物类别	数量/件（套）
10	玉石器、宝石	2
11	文具	2
12	标本、化石	2
13	竹木雕	1
14	铜器	1
15	交通、运输工具	1
16	古籍图书	1
17	其他类	11
合 计		25 272

　　可移动文物藏品征集是博物馆建设的基础工作之一，加大文物征集力度，不断丰富馆藏是博物馆建设、发展的前提。近年来，湖北明清古建筑博物馆文物藏品主要来源包括湖北省文物局调拨、海关罚没移交、民间征集、文物市场征购、社会捐赠等。湖北明清古建筑博物馆文物藏品形成了一个反映古建筑文化、湖北明代藩王历史文化、传统民俗的特色体系，包含明代藩王府第石构件、藩王墓出土文物、明清民俗文物、文人字画、海捞瓷器等。其中最为珍贵的是湖北省文物局调拨的一批蕲春县明代荆敬王及王妃墓出土文物。由于这批文物属非正常考古发掘，除因年代久远自然损毁外，还有一部分器物因盗墓分子人为破坏，受损严重。2011年，湖北明清古建筑博物馆委托湖北省文物考古研究所对这批文物进行了保护修复，确保了这批明代文物的状态稳定，达到了文物保护修复的规范要求。这批明代文物藏品具有极高的历史、文化、科学、艺术价值，为研究明代藩王的分封、发展演变到衰亡的过程提供了实物依据，全面展示了明代湖北地区政治、经济、社会发展的状况。湖北明清古建筑博物馆馆藏部分明代荆敬王与王妃墓出土文物及其他文物，见图1-45至图1-67。

图 1-45　明金镶宝石八仙祝寿凤冠佩件（一级文物）

图 1-46　明金镶宝石龙凤簪（一级文物）

图 1-47　明金镶宝石龙凤对簪（一级文物）

图 1-48　明金镶宝石簪（一级文物）

图 1-49　明金镶玉佩挂饰（一级文物）

图 1-50　明玉禁步（一级文物）

图 1-51　明金镶珍珠仙人乘鹤对簪（一级文物）

图 1-52　明金镶宝石对镯（一级文物）

图 1-53　明金镶宝石狮扣（二级文物）

图 1-54　明花瓣金盂（二级文物）

图 1-55　明嘉靖三十六年银锭（二级文物）

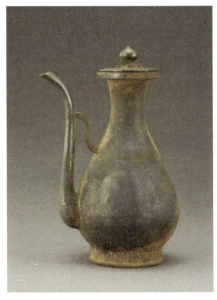

图 1-56　明银壶（二级文物）

图 1-57　明双鹿衔灵芝玉佩（二级文物）

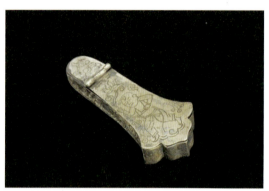

图 1-58　明婴戏图小银盒(三级文物)

图 1-59　水晶吊坠(三级文物)

图 1-60　明银盘(三级文物)

图 1-61　明带盖银盒(三级文物)

图 1-62　明小银罐(三级文物)

图 1-63　明金冥币一组(三级文物)

图 1-64　清嵌螺钿木圆桌（三级文物）

图 1-65　清喜鹊登梅圆桌一套（三级文物）

图 1-66　中华民国时期①木花轿（三级文物）

图 1-67　清双龙戏珠面盆架（三级文物）

① 本书所述中华民国时期均指 1912 年 1 月至 1949 年 12 月这一历史时期。

在可移动文物藏品保护管理方面，湖北明清古建筑博物馆严格遵守馆内工作制度，需提用藏品时，必须填写文物提用申报表。一级藏品、贵重文物藏品须经分管副馆长或馆长批准，其他藏品须经保管部主任批准，用毕后由文物保管员按申报表进行核对并办理入库手续。陈列的藏品以确保安全为主，按安保规定加强管理。在博物馆日常工作中，馆级领导提用藏品，须经同级其他负责人同意；部门负责人提用一级藏品，须经分管副馆长或馆长批准。馆外展览提用藏品在馆内办理手续，审批办法同上。藏品外借参展一律从严把关，一级藏品须报湖北省文物局批准，其他藏品须经分管副馆长或馆长批准，并按规定办理借用手续。借用单位必须采取措施，确保文物藏品安全，并按期归还。

在可移动文物藏品鉴定修复方面，湖北明清古建筑博物馆按照《湖北明清古建筑博物馆藏品管理制度》要求，于2014年3月邀请文物鉴定专家对馆藏西沙出水瓷器、木制家具等藏品进行鉴定（图1-68、图1-69）。2014年6月，对90多件馆藏木质文物藏品进行修复，先后修复了破损的各类木制家具和木建筑构件，如太师椅、清代圆桌脚雕花、梁枋和花板等。

图 1-68 文物鉴定专家鉴定馆藏瓷器文物

图 1-69 文物鉴定专家鉴定馆藏木制家具藏品

2018年，湖北明清古建筑博物馆委托湖北省文物交流信息中心，针对该馆所藏200件（套）珍贵瓷器文物的实际保存及病害状况编制了"湖北明清古建筑博物馆馆藏珍贵瓷器文物保护修复方案"。该文物保护修复项目于2020年5月正式全面启动，并于2022年7月通过验收，顺利结项。这200件（套）瓷器文物本体保护修复工作的具体内容：对文物病害进行调查评估，消除文物已有或潜在的病害，维持文物的稳定状态；尽可能复原文物历史原貌，充分满足博物馆展陈要求；详细记录文物保护修复日志，据实填写文物保护修复档案，认真撰写文物保护修复工作报告，留存详尽的文物档案信息等。这批待保护修复文物涵盖多种类别，器物大小不一、造型各异，大多未进行过修复，个别文物虽在2002年时做过初步的抢救性修复，但仍不能达到展陈要求。文物由于自身的特性，易受到环境的影响，为延长文物的寿命，减缓文物劣化速度，急需运用科学技术加以保护修复。通过现场调查研判，文物保护修复项目团队明确工作的重点和要求，制订详细的工作进度方案，在保障安全、精心修复的基础上按时优质地完成了文物保护修复项目的实施工作。

在可移动文物藏品信息管理方面，按照湖北省普查办关于开展第一次全国可移动文物普查工作的统一部署和要求，做好可移动文物普查工作，做好文物数字信息化工作。为确保普查工作的质量和进度，湖北明清古建筑博物馆聘请湖北省博物馆专家为顾问，成立了第一次全国可移动文物普查工作小组，下设修复、鉴定、测量、拍摄、登记五个分组，科学有序地开展普查工作。经过普查工作小组两年的艰苦努力，2015年8月底，湖北明清古建筑博物馆圆满完成了第一次全国可移动文物普查工作的既定任务，严格按照登录规范和文物库房管理规范要求，对现有馆藏文物进行了规范登记和数据上传。湖北明清古建筑博物馆此次普查完成了25 272件（套）馆藏文物的信息采集和数据上传工作，并由专人对上传的文物信息进行审核与查漏补缺，确保了普查数据的科学性和准确性。

2018年4月，湖北省文物信息资源平台正式上线，依托湖北文物信息登录平台构建全省登录数据公开共享服务平台，提供各文物登录单位深度数据公开共享服务。

湖北省文物信息资源平台是从"互联网＋中华文明"的宏观战略角度出发，把信息资源用在管理、研究、公共服务、决策支持等方面，从而实现保护、展示、研究、应用一体化目标，做好信息资源数据化工作。湖北明清古建筑博物馆充分利用湖北省文物信息资源平台，馆藏文物信息已100％完成系统备案；基于本单位实际情况，通过高清、三维、音视频等方式，对文物详细的属性信息和影像信息进行采集、加工，通过省级服务平台进行深度文物信息数据管理。

第四节 博物馆瓷器藏品状况

瓷器是湖北明清古建筑博物馆重要的馆藏文物资源，总共1 630件（套）。其中宋代海捞瓷器藏品1 563件（套），清代瓷器藏品51件（套），中华民国时期瓷器藏品11件（套），明代瓷器藏品5件（套），详见图1-70。湖北明清古建筑博物馆应当进一步厘清馆藏瓷器信息，掌握馆藏瓷器价值，保存好现有瓷器文物，提升博物馆科学研究和社会教育水平。

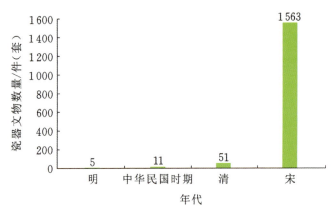

图1-70 湖北明清古建筑博物馆馆藏瓷器文物年代分布图

湖北明清古建筑博物馆现收藏有一批西沙出水的宋代民窑瓷器。这批瓷器来历曲折，保存较完好，工艺成熟、器形规整、纹饰精美，具有较高的艺术美学造诣和文物研究价值。2010 年，为了解决湖北明清古建筑博物馆文物藏品不足的问题，支持国家三级博物馆的申报工作，湖北省文物局调拨了这批西沙出水瓷器，以扩充其馆藏品的品类和数量。2013 年，在与湖北省文物总店办理移交相关手续后，上文所述 1 563 件(套)西沙出水瓷器于 2014 年被正式移交湖北明清古建筑博物馆。

　　湖北明清古建筑博物馆馆藏的 1 630 件(套)瓷器文物中，含二级文物 45 件(套)，三级文物 1 222 件(套)，一般文物 363 件(套)，详见图 1-71。

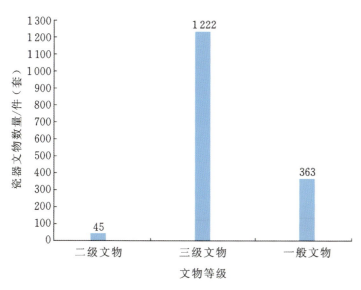

图 1-71　湖北明清古建筑博物馆馆藏瓷器文物等级构成情况图

湖北明清古建筑博物馆馆藏瓷器文物完残情况，"基本完整"的有1 277件(套)，占比78.34％；"残缺"的有338件(套)，占比20.74％；"严重残缺(含缺失部件)"的有15件(套)，占比0.92％(图1-72)。湖北明清古建筑博物馆馆藏瓷器文物来源情况，1 568件(套)为湖北省文物局"拨交"，占比96.20％，42件(套)为海关罚没"移交"，占比2.58％，20件(套)为民间或文物市场"征集购买"，占比1.23％(图1-73)。

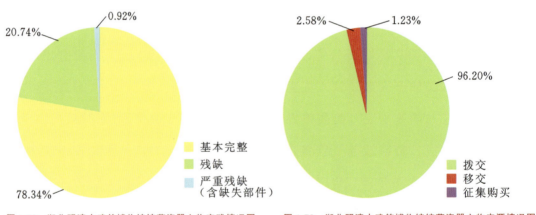

图1-72　湖北明清古建筑博物馆馆藏瓷器文物完残情况图　　　图1-73　湖北明清古建筑博物馆馆藏瓷器文物来源情况图

第五节　馆藏文物保存环境状况

　　馆藏文物保存环境是指收藏与展示各类可移动文物的相对独立或封闭的空间，总体包括微环境(展柜、储存柜、储存箱、储存盒、文物囊匣内的微小环境)、小环境(库房、展厅等室内的空间环境)、大环境(博物馆整体建筑之内的空间环境)、室外环境(博物馆建筑之外的空间环境)。馆藏文物的保存环境主要包括库房和展厅两个区域。

国内外的大量研究表明,文物保存过程中的一系列环境因素(包括自然因素、生物因素),是导致博物馆文物藏品损坏、丧失其应有价值的重要原因。自然因素包括博物馆所在区域宏观气候环境(温湿度)、光辐射、污染气体和突发性自然灾害[①]等;生物因素包括生物破坏[②]和人为破坏[③]。为了延缓馆藏文物本体的损坏速率,需要采取一定的技术措施来降低馆藏文物保存环境因素对文物造成的消极影响,达到从实质上保护馆藏文物的目的。

下面主要列举湖北明清古建筑博物馆文物库房和文物陈列展厅的保存环境状况,分析文物保存环境中的各种环境因素影响,为后文进一步研究探讨湖北明清古建筑博物馆瓷器藏品预防性保护工作提供相关内容支持。

一、文物库房状况

湖北明清古建筑博物馆位于湖北省文物保护单位——雨霖古建筑群内,为保护古建筑周围风貌,不允许建设高大现代建筑作为文物库房,受场地客观因素限制,文物库房布局分散且单体面积较小。文物库房内配置有多组藏品柜架,藏品放置遵循上小下大、上轻下重的原则,藏品柜架与墙壁保持一定距离,珍贵文物均配有囊匣并专柜存放。文物库房有专职文物保管员,出入库房必须遵循双人双锁双卡制,文物保管员按操作规范使用设备,使文物库房藏品的存放和管理更科学、更规范。

---

① 博物馆可能遭遇的突发性自然灾害主要是地震、台风、洪水、雷击等。

② 生物破坏可分为物理性破坏和化学性破坏。物理性破坏指动物、昆虫等对文物的直接破坏,如老鼠啃咬书籍、木雕,昆虫啃蛀纺织品、纸质文物等。化学性破坏是指微生物在适宜的温湿度条件下,以有机质为营养物质,在文物表面大量滋生,分泌有机酸腐蚀文物,产生排泄物污染文物外观。

③ 人为破坏主要是工作人员操作或修复不当造成文物损坏,或展厅管理不到位,游客对文物造成意外性损坏,以及犯罪分子的盗窃行为。

图 1-74　博物馆专职保安实行 24 小时轮流值守

湖北明清古建筑博物馆严格按照《博物馆藏品管理办法》的各项规定进行管理，藏品保管工作遵守"鉴定明确、账目清楚、编目详明、保管妥当、制度健全、查用方便"的工作方针；按照《博物馆安全保卫工作规定》等要求，安排专职保安实行 24 小时不间断轮流值守(图 1-74)。库房内外安装有红外线报警装置、全方位视角监控摄像系统等设备，并与公安机关联网，采取以人防为主，物防、技防相结合的安全防范措施，确保馆藏文物的安全。

湖北明清古建筑博物馆现设有小型密封式珍贵文物藏品库房。早期阶段，由于博物馆在财政资金、人力资源、技术设施等方面的局限性，库房面积有限、环境条件简单，文物保管专用设施严重缺乏，不能满足文物科学规范管理的要求；库房内无恒温恒湿控制设备、空气净化设备，文物储藏柜数量较少，部分储藏柜为老式木柜，文物藏品堆放密集；易碎的瓷器文物封存于保险箱中，每件器物用泡沫防撞薄膜包裹，堆叠存放，略显局促。这样的文物存放方式，不利于抵御环境因素对文物的破坏作用。

从 2015 年开始，为了更好地保护文物，改善馆藏文物保存条件，加强文物安全保障，湖北明清古建筑博物馆对文物库房进行了设备升级维修，进一步改善了瓷器藏品的储藏环境及方式。在改善文物库房环境的同时，针对无保护囊匣、对环境因素敏感的珍贵文物设计配置专业囊匣及文物保存柜架，开展藏品入匣、整理、存放等工作，以达到预防性保护珍贵文物的目的。

二、文物陈列展厅状况

博物馆文物展陈环境属于公共开放区域，相较于库房藏品，展厅区域的文物在保存的同时还需要达到展示的效果，保存状态受展厅大环境和展柜微环境共同影响，混合存放的情况更加复杂，其保存状况受到环境、人为和自然灾害这三个因素的共同影响。

除珍贵文物库房配备空调系统和简单除湿设备外，湖北明清古建筑博物馆展厅和其余库房都未配置空调系统，所有展厅均属半开放式展陈环境。展厅温湿度等同于室外温湿度，温湿度随季节天气变化剧烈，靠近湖边的展厅湿度在68%以上。所有展柜皆为普通玻璃柜，密封性较差，展品存放于玻璃柜内极易受潮，玻璃内侧还容易产生水汽，凝结水雾，影响展陈效果。展柜内虽放置了除湿除潮盒，但效果有限，且略显突兀。展厅内玻璃材质展柜使用多年，存在安全隐患，还存在展柜密闭性差以及展柜照明系统不具备调光功能等问题。由于古建筑的特性，展厅内有天井，展厅里的展品极易被阳光照射。展厅照明灯光为普通荧光光源，照度超标、显色性不好；展柜内光线不均、眩光严重；光源故障频率较高；因古建筑展厅内部空间复杂，照明设备维修更换难度较大。

独具特色的传统古典家具采用裸展的形式直接裸露于古建筑展厅大环境之中，开放的外界环境对展品的影响较大。家具、木雕展品，甚至古建筑木构件本身，都有被老鼠啃咬、昆虫啃蛀的风险。部分游客随意触碰展品且屡禁不止，虽设置了隔离带和劝导牌，但效果并不好。

此外，古建筑展厅还存在极端天气引发洪水、雷击引起火情等威胁文物展品安全的巨大环境风险因素。

第六节　展览展示与宣教成果

湖北明清古建筑博物馆自 2008 年正式对外开放以来，在保护、展示、研究和教育等方面不断谋求发展与提升，凝心聚力传承和宣传中国优秀的历史文化遗产和传统文化知识；2018 年被评为国家二级博物馆后，更加积极地举办多种类型的展览与社会教育活动，服务和回馈广大群众。中国传统文化的重要传播载体就是博物馆，博物馆的展览能有效提升群众的审美和文化素养。

一、展览展示

（一）基本陈列

湖北明清古建筑博物馆内 12 栋名人故宅、富商豪宅、百姓民居、宗祠会馆等传统建筑，通过抢救性保护措施搬迁至博物馆内复建后均得到了妥善保护，它们构成了博物馆的主体展示部分——湖北明清古建筑展，让观众近距离感受古建筑的艺术魅力(图 1-75)。不同于一般历史性、纪念性博物馆需要通过大量的文字及其他辅助设施来展示单体可移动文物，古建筑陈列更注重对建筑整体的展示，从内部装饰到建筑的时代特征、区域建筑风格的展示，是特定历史时期政治、经济、文化的综合展现；同时将建筑构造工艺的科学性、建筑延续时代的历史性、建筑内部装饰的艺术性三者有机结合在一起，展现了力与美的完美结合，体现了我国古代劳动人民的伟大智慧。

图 1-75　观众参观湖北明清古建筑展

　　该展主题鲜明，很好地体现了博物馆的收藏和文化特色，符合古建筑博物馆的使命和定位。已搬迁的古建筑不管是在建筑工艺还是在时代性上都具有较强的代表性，有很强的学术性和思想性。展品组织得当，注重建筑群整体规划布局，园林式参观路线，参观展示与旅游休闲并重，告别视觉疲劳。湖北明清古建筑博物馆在整体规划时，对所有建筑物采取散点式布局，建筑或平地起屋、或背山临水，成就不同区域建筑景观。馆区环境古朴典雅、绿树成荫、山景迂回，整个古建筑掩映在茂林修竹之中，可谓是"参差楼阁起高岗，半为烟遮半树藏"。整个馆区所植植被占尽乔、灌、草三大科数十个品种，造就了"声就风云起，色随四季换"的意境，不仅是民居的世界，也是植物的殿堂。

湖北明清古建筑博物馆基本陈列"湖北明代藩王历史文化专题展"（图 1-76），展厅设于卢家老宅内，该展于 2011 年正式展出。明代先后有楚、湘、辽、郢、襄等 12 位藩王分封于湖北，对明代湖北地区政治、经济、文化等方面产生了深远影响。该展以历年来明代湖北地区藩王遗迹的考古发现和科研成果为研究基础，对湖北明代藩王的历史人文轨迹进行梳理和展示。

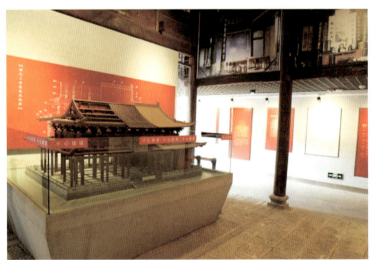

图 1-76 **"湖北明代藩王历史文化专题展"**

湖北明清古建筑博物馆基本陈列"神工意匠——古代建筑知识展"(图 1-77)，展厅设于国民革命军第二十四师师部(方言学堂)旧址内。该展于 2019 年正式展出，2022 年起作为流动展览对外巡展。我国古代建筑讲究人文与自然的协调，建筑技艺方面的种种成就匠心独运，是历史发展与人类智慧的统一体。"神工意匠——古代建筑知识展"主要撷取了湖北地区的古代建筑精华，从建筑结构、艺术和技艺等方面向观众展现我国古代建筑文化知识。

图 1-77　"神工意匠——古代建筑知识展"

(二) 临时展览

湖北明清古建筑博物馆坚持"走出去"与"引进来"相结合的理念,积极策划突出本馆特色和地方特色的常设展览、临时展览和流动展览,同时积极开展与其他博物馆的交流合作,为本馆引进类型丰富的交流展览,将馆内古建筑陈献甲宗祠作为临时展览专用展厅,让观众在感悟古建筑精髓的同时感受多元中华文化。截至 2023 年 9 月,湖北明清古建筑博物馆共接待观众超过 500 万人次,在馆内外共举办各类展览 69 个。

为了加强博物馆之间的文化交流,除引进展览外,湖北明清古建筑博物馆还利用原创展览走出去办展,如突出主题特色的原创专题展览"湖北古建筑图片展"曾在新疆博尔塔拉蒙古自治州博物馆展出(图 1-78)。该展览建立在湖北明清古建筑博物馆多年不可移动文物保护工作的基础之上,全面、客观、真实地展示了湖北古建筑的悠久历史、传统风貌和保护工作成就。

图 1-78 "湖北古建筑图片展"在新疆博尔塔拉蒙古自治州博物馆展出

该展览经内容全面升级、添加建筑模型展品后，更名为"碧瓦朱甍——荆楚古建筑图片展"，并以"移动博物馆"的形式被送进学校、景区、社区、民宿、军营(图 1-79)等巡展数十次，旨在通过传播公益文化，营造科学、高雅的文化氛围，以丰富大众的传统文化知识和增强大众的文化自豪感。该展览每到一处都深受观众喜爱，产生了良好的社会效益。

（a）

（b）

（c）

（d）

图 1-79　"碧瓦朱甍——荆楚古建筑图片展"巡展

(a)展览进学校；(b)展览进社区；(c)展览进民宿；(d)展览进军营

图 1-80 "碧瓦朱薨——湖北古建筑图片巡展"宣传海报

2017 年 9 月，湖北明清古建筑博物馆与湖北省博物馆协会高校博物馆专业委员会合作，在武汉大学、华中师范大学、中南财经政法大学、中国地质大学（武汉）、湖北大学、武汉生物工程学院、中南民族大学、武汉理工大学、华中农业大学等九所高校，开展为期两个月的"碧瓦朱薨——湖北古建筑图片巡展"高校巡展（图 1-80、图 1-81）。该展览有效结合了学生的认知特点，主题鲜明、内容丰富，使本来厚重的历史变得鲜活生动，得到了广大师生的认可。

（a） （b）

图 1-81 "碧瓦朱薨——湖北古建筑图片巡展"高校巡展

(a)在武汉大学展出；(b)在华中师范大学展出；(c)在中南财经政法大学展出；(d)在中国地质大学（武汉）展出；(e)在湖北大学展出；(f)在武汉生物工程学院展出；(g)在中南民族大学展出；(h)在武汉理工大学展出；(i)在华中农业大学展出

（c）

（d）

（e）

（f）

（g）

（h）

（i）

续图 1-81

自 2014 年起"碧瓦朱甍——荆楚古建筑图片展"作为流动展览对外巡展，先后在省外新疆、四川、山东、吉林、云南、福建、广东、贵州、重庆、上海等地巡展，在省内武汉革命博物馆、荆门市博物馆、黄石市博物馆、英山县博物馆等巡展(图 1-82)。

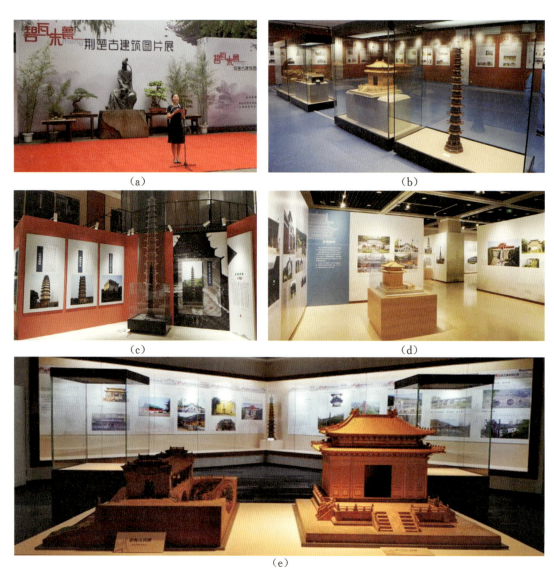

图 1-82 "碧瓦朱甍——荆楚古建筑图片展"在各地展出
(a)在成都杜甫草堂展出；(b)在威海市博物馆展出；(c)在贵州省博物馆展出；(d)在重庆中国三峡博物馆展出；
(e)在黄石市博物馆展出

湖北明清古建筑博物馆的常设展览"神工意匠——古代建筑知识展"也经常作为交流展览在全国各地博物馆展出（图1-83），其他可对外交流的原创性展览还有"纪念杜义德将军诞辰100周年书画展""金玉默守——湖北蕲春明荆藩王墓珍宝展""铁血军魂——纪念杜义德将军展""记忆荆楚——明信片上的老武汉展""守护文明砥砺前行——湖北省古建筑保护中心不可移动革命文物保护项目设计成果展"等。

(a)　(b)

图1-83　"神工意匠——古代建筑知识展"在全国各地博物馆展出

(a)在上海市嘉定博物馆展出；(b)在东莞市可园博物馆展出

　　"纪念杜义德将军诞辰100周年书画展"展出了杜义德将军从土地革命时期到革命根据地创建、红军长征、抗日战争、解放战争、抗美援朝战争时期的一些重大革命历史事件及生平事迹。杜义德，武汉黄陂人，中国人民解放军中将，先后参加了土地革命、红军长征、抗日战争、解放战争、抗美援朝战争等，为中华民族的独立和中国革命的胜利立下了不朽的功勋。该展览作为临时展览于2012年在湖北明清古建筑博物馆展出。

"金玉默守——湖北蕲春明荆藩王墓珍宝展"由湖北明清古建筑博物馆联合湖北省博物馆、浙江省博物馆以及蕲春县博物馆合作策划,该展览共展出湖北明清古建筑博物馆、蕲春县博物馆、湖北省博物馆所藏明荆藩王墓文物精品130余件(套),其中不少文物是在国内首次展出。富贵华丽的明代金银首饰是展览的一大亮点,包括头饰、耳饰、腕饰等多个首饰品种,再现了明代宫廷艺术与皇室品位。该展览于2016年在杭州浙江省博物馆展出。

"铁血军魂——纪念杜义德将军展"专题展分为"木兰之子""燃烧的革命岁月""威震海疆 雄镇西北""暮年豪情""永恒的纪念"五个部分,以图片形式为主,配以28幅将军、社会名人等赠予的杜义德将军的书画真迹为辅助展品,再现杜义德将军的光辉一生,纪念杜义德将军的卓著功勋,弘扬红色精神。该展览于2018年在重庆聂荣臻元帅陈列馆展出。

"记忆荆楚——明信片上的老武汉展"通过一批展现武汉过往风貌的明信片,向观众传达武汉这座东方港口城市的历史风土人情,以及武汉近现代城市发展的轨迹。该展览作为临时展览于2019年在湖北明清古建筑博物馆展出。

"守护文明砥砺前行——湖北省古建筑保护中心不可移动革命文物保护项目设计成果展"在中国共产党成立100周年之际推出,展示了湖北省古建筑保护中心自成立以来所承担的省内外具有代表性的不可移动革命文物保护项目设计成果,旨在弘扬社会主义核心价值观,传承和发扬中华优秀传统文化,向建党100周年献礼。该展览作为临时展览于2021年在湖北明清古建筑博物馆展出。

二、宣教成果

湖北明清古建筑博物馆紧紧围绕学习宣传贯彻党的二十大精神、全面建设社主义现代化国家新征程的主题，以习近平总书记重要讲话精神为指导，坚定文化自信，积极主动创新工作方式；响应湖北省文化和旅游厅工作部署，结合自身资源优势，献力地方农文旅融合工作，以文化惠民活动为全年工作重点，让公共文化服务走入基层；践行使命担当，切实满足群众文化生活需求，推出多种形式的文化活动，积极助力湖北省旅游业发展，展示文化遗产风采，凝聚保护共识，使游客和当地群众共享文化成果；组织开展知识推广、展览交流等线上、线下活动，深入基层、深入一线、深入群众，为推动文旅事业发展贡献力量；在做好保护和展示工作的基础上，积极策划各种具有特色的传统活动，开发原创系列课程——"古建课堂"，以新颖的形式向观众尤其是青少年儿童，传播历史文化遗产和传统文化知识，展示中华文化的独特魅力和时代价值。

（一）特色活动

湖北明清古建筑博物馆每年在法定节日及中国传统节日、"5·18"国际博物馆日以及文化和自然遗产日等，策划和开展多样化的宣传教育活动，为观众带来别样的文化体验。

2018年2月，湖北明清古建筑博物馆策划了"纸上添花·新春有礼"小年专题活动（图1-84），配合"叹为观'纸'——蔡骁龙剪纸艺术精品展"，以社教剪纸小课堂、互动民俗体验和楚剧文化表演等形式，为广大观众带来丰富多彩的文化艺术活动。

2019年1月，湖北明清古建筑博物馆举办"博物馆里闹新春"小年观众互动活动（图1-85），书画家们现场创作的一副副形式多样、内容丰富的春联，既增强了传统年味，也拉近了博物馆与群众之间的距离。清明节期间，湖北明清古建筑博物馆举办"扬传统文化·承爱国情怀"系列教育活动（图1-86），以观影、讲故事、

蹴鞠、植树、吃寒食等形式，让小观众了解传统风俗文化，感受春日美好，培养
其爱国情怀。在重阳节到来之际，湖北明清古建筑博物馆策划"九九重阳日，浓浓
敬老情"亲子活动（图1-87），在增进亲子互动的敬茶仪式和儿童手绘古建筑课程
中，教导小朋友尊敬长辈、知晓传统礼仪，倡导尊老、敬老、爱老、助老的中华
传统美德。

图 1-84　2018 年"纸上添花·新春有礼"小年专题活动　　**图 1-85　2019 年"博物馆里闹新春"小年观众互动活动**

图 1-86　2019 年"扬传统文化·承爱国情怀"系列教育活动　　图 1-87　2019 年"九九重阳日，浓浓敬老情"亲子活动

2020 年春节，湖北明清古建筑博物馆开展"新春盛筵·翰墨传福"专题活动（图 1-88）。

　　2021 年端午节期间，湖北明清古建筑博物馆策划了"粽爱端午"民俗体验活动，旨在传承中华传统文化，增强民族自豪感，使观众亲身感受非遗民俗的乐趣。中秋节期间，湖北明清古建筑博物馆创新开启"中秋风雅·植物染茶会"活动（图 1-89），将中国传统的非物质文化遗产——植物染带到观众面前，让参与者们从不同角度体会传统文化的精妙，深切感受到传统手工艺"传承、记忆、创新"的魅力。

图 1-88　2020 年"新春盛筵·翰墨传福"专题活动

图 1-89　2021 年"中秋风雅·植物染茶会"活动

　　2022 年元旦，湖北明清古建筑博物馆举办了"赏菖蒲 品古建 养雅心·菖蒲文化讲堂"（图 1-90），话菖蒲、制香牌，让传统文化走进古建筑，让中国传统民俗与古建文化精髓融入生活之中。春节期间，湖北明清古建筑博物馆举办"迎新春送春联"活动，为社区居民送春联、送祝福，进一步丰富和活跃社区居民业余文化生活。清明节期间，湖北明清古建筑博物馆开展"清明忆传统·听见古建声音"公益讲解活动，让观众听公益讲解，学古建知识。端午节期间，湖北明清古建筑博物馆开展"香约端午·古建粽动员"民俗体验活动（图 1-91），用有趣的创意，把"粽子节"耍出彩。

图 1-90 2022 年"赏菖蒲 品古建 养雅心·菖蒲文化讲堂"

图 1-91 2022 年"香约端午·古建粽动员"民俗体验活动

2023 年春节前后，湖北明清古建筑博物馆策划了系列文化惠民活动，举办"巧手绘年画·喜兔迎福年"绘年画活动、"十五到·花灯俏·博物馆里闹元宵"猜灯谜活动（图 1-92），通过绘年画、猜灯谜等形式多样的民俗体验，给广大市民观众奉献一道最有年味儿的"文化大餐"。在学雷锋日，湖北明清古建筑博物馆组织学生志愿者走进博物馆开展"志愿我先行·博物馆里学雷锋"志愿服务活动。"三八"国际劳动妇女节期间，湖北明清古建筑博物馆举办"美人制扇·共颂古典——古风花艺团扇手工体验活动"（图 1-93），邀请观众亲手制作古风团扇，在博物馆过个不一样的"女神节"。

图 1-92 2023 年"十五到·花灯俏·博物馆里闹元宵"
猜灯谜活动

图 1-93 2023 年"美人制扇·共颂古典——古风花艺团扇
手工体验活动"

每年的"5·18"国际博物馆日和文化和自然遗产日是博物馆宣教工作的重中之重。湖北明清古建筑博物馆致力于以丰富多彩、特色鲜明、利民惠民的方式开展相关主题活动，营造全社会共同参与保护和传承中华优秀传统文化的浓厚氛围，满足广大人民群众的精神文化需求，使公共文化服务得到共享。

2014年国际博物馆日期间，湖北明清古建筑博物馆参与"博物馆藏品架起沟通的桥梁"活动（图1-94），在首义广场为市民送展，提供文化服务。

2017年国际博物馆日期间，湖北明清古建筑博物馆联合湖北省博物馆协会高校博物馆专业委员会等单位举办了"雅风雕梁 有声楚韵"活动（图1-95）。湖北明清古建筑博物馆在文化和自然遗产日期间，开展"移动博物馆"活动，将展览和社教活动带入6所中小学校。

图 1-94 2014年"博物馆藏品架起沟通的桥梁"活动

图 1-95 2017年"雅风雕梁 有声楚韵"活动

2018年国际博物馆日期间，湖北明清古建筑博物馆走入红安县举行"保护文化遗产 传承红安精神"系列活动（图1-96），进行民间收藏品公益鉴定，并送去古建展览，以此活动为契机，搭建与红安县文化遗产保护合作平台，为开展红安县文化扶贫工作开辟新的途径。

图 1-96 2018年"保护文化遗产 传承红安精神"系列活动

2019年国际博物馆日，湖北明清古建筑博物馆联合辛亥革命武昌起义纪念馆、湖北省博物馆、长江文明馆、湖北省博物馆协会高校博物馆专业委员会等19家单位，共同举办主题为"培根铸魂 歌献祖国"的快闪活动（图1-97）。文化和自然遗产日，由湖北省古建筑保护中心、湖北省文物交流信息中心、荆楚网、湖北画报社联合主办，湖北明清古建筑博物馆承办的2019年"记忆荆楚——湖北古建筑摄影大赛"启动仪式（图1-98）成功举行。

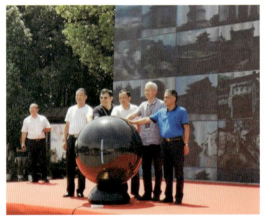

图 1-97　2019 年"培根铸魂 歌献祖国"快闪活动　　　　图 1-98　2019 年"记忆荆楚——湖北古建筑摄影大赛"
　　　　　　　　　　　　　　　　　　　　　　　　　　　　　　　　　　　启动仪式

2021年国际博物馆日期间，湖北明清古建筑博物馆开展"粉黛星罗·雅韵乡村"主题活动，将古建文化送进基层乡村、社教活动送进小学、展览送进景区。文化和自然遗产日，湖北明清古建筑博物馆以"人民的非遗 人民共享"为主题，将古建展览送进保山、古建课堂送进校园，营造了加强非遗保护的良好社会氛围。

2022年，湖北明清古建筑博物馆特别策划推出"楚韵非遗·以艺战疫"——国际博物馆日系列活动（图1-99），以线上与线下相结合的方式呈现一系列精彩内容，邀请社会公众，古宅逛非遗、戏楼赏楚剧、云逛博物馆，共享文化盛宴，让公众了解博物馆、走进博物馆、爱上博物馆，释放博物馆的力量。

图 1-99　2022 年"楚韵非遗·以艺战疫"——国际博物馆日系列活动

（a）麦秆画制作；（b）泥塑制作；（c）皮影雕刻；（d）艾草香囊制作；（e）楚剧表演

2022年，湖北明清古建筑博物馆与荆门市博物馆联合举办形式多样、内容充实、内涵丰富的"文物保护：时代共进 人民共享"——文化和自然遗产日系列主题活动(图1-100)，活动期间，根据荆门市文物资源状况和广大群众收藏鉴赏需求，充分发挥专业优势，开展了文物保护知识讲座、古建课堂社教活动和民间收藏品公益鉴赏等一系列人民群众喜闻乐见的文化遗产保护、宣传、展示体验活动，重点展现了湖北省文化遗产保护与传承的优秀成果，向广大群众普及了各类遗址与保护策略、古建筑和藏品鉴赏收藏知识，增强了公众热爱传统文化、保护文化遗产的意识。

（a）　　　　　　　　　　　　　　　（b）

（c）　　　　　　　　　　　　　　　（d）

图1-100　2022年"文物保护：时代共进 人民共享"——文化和自然遗产日系列主题活动

（a）文物保护知识讲座；（b）民间收藏品公益鉴赏；（c）"古建课堂"进校园；（d）楚剧演出

（二）社教课堂

为配合各项展览，充分发挥博物馆在青少年教育成长过程中"第二课堂"的独特作用，湖北明清古建筑博物馆社教团队还策划了一系列配套社教活动。古建课堂是湖北明清古建筑博物馆针对中小学生开发的系列特色教育活动，通过线上和线下课堂，使青少年儿童了解有关中国传统古建筑结构的基础知识，激发他们对古建筑进行科学探究的兴趣和愿望，并从我国古建筑建造技艺中获得强烈的民族自豪感和认同感，培养学生的爱国情怀。多年来，湖北明清古建筑博物馆策划的"古人是如何建造房屋的?""中国古代住宅建筑"等古建课堂课程，获得了广大师生的欢迎（图 1-101）。

图 1-101　部分古建课堂活动现场

"古人是如何建造房屋的?"是湖北明清古建筑博物馆古建筑知识课堂系列整体的初级课程,重点针对小学高年级教学,主要内容为古建筑建造工具、建造顺序及建筑结构的相关科普介绍。根据课程内容开发了一系列可操作教具,如墨斗、手摇钻等,利用多媒体辅助教学,为学生演示教具使用方式。课堂知识内容新颖、形式多样,具有较强的可操作性、直观性和互动性,能够激发学生对历史文物和古代建筑的浓厚兴趣,课堂氛围活跃,让学生感受到博物馆教育的趣味。此外,湖北明清古建筑博物馆专门定制教具包,结合古建筑特色与学生现阶段的心理、学习特点,贴合学生的需求和爱好,真正让学生们将博物馆"带回家"。

"中国古代住宅建筑"为古建筑知识课堂系列整体的初级课程,在第一堂课"古人是如何建造房屋的?"的基础上,带领学生更加深入了解中国古代住宅建筑式样,并延伸出对古今住宅建筑形态对比的探究。通过专业老师的课件演示和图文实例,结合讲解和互动讨论,对中国古代住宅建筑,如合院式、天井式、园林式、窑洞、土楼、吊脚楼等六种主要类型进行综合介绍,使学生在掌握基本古建筑知识的情况下,开阔视野,激起主动性和探究欲,并从我国古建筑的精湛建造技艺中,获得强烈的民族自豪感和认同感,培养未成年人的爱国情怀。

(三)宣传交流

近年来,湖北明清古建筑博物馆通过多种传播媒介与渠道进行线上直播,开启线上和线下宣传,打造具有本馆专属特色的宣传教育节目。同时,武汉地铁首列"博物馆专列"将湖北明清古建筑博物馆纳入其中,在地铁2号线对湖北明清古建筑博物馆进行了专题版面的宣传(图1-102)。

2022年国际博物馆日期间,湖北明清古建筑博物馆与"湖北之声"携手,通过央视频、长江云、湖北之声抖音及微信视频号等直播平台进行网络直播(图1-103),其中长江云平台浏览量达到25万人次。

图 1-102　武汉地铁首列"博物馆专列"湖北明清古建筑博物馆宣传版面

图 1-103　2022 年国际博物馆日"博物馆的故事：观古宅艺术赏楚韵非遗"主题直播

　　2022 年国庆节期间，湖北明清古建筑博物馆与"直播东莞"平台《南方＋》栏目合作进行网络直播，"云"逛东莞市可园博物馆"神工意匠——古代建筑知识展"展厅（图 1-104），让观众打开手机就能"身临"古建筑之中，跟随主播一探古建筑与非遗文化的精妙，带领观众云游博物馆，体验荆楚地域悠久的历史文化和博大精深的古建筑营造技艺。

图 1-104　2022 年"直播东莞"平台《南方＋》栏目网络直播

此外，湖北明清古建筑博物馆还与上海嘉定博物馆合作推出古建"云"课堂和"云"讲座，通过课堂互动的形式，让未成年观众走近展览、看懂展览；通过文化遗产保护领域科普讲座，让参与者们系统掌握文化遗址相关知识，激发其对历史文物和古代建筑的浓厚兴趣。

湖北明清古建筑博物馆自成立以来，充分发挥文化桥梁纽带作用，弘扬中华优秀传统文化，拓宽文化交流渠道，在提升博物馆文化品牌形象上发挥了积极作用；同时不断加强对外交流，积极促进资源共享，营造了敢于探索、勇于创新的学术氛围，进一步开阔了视野，提升了学术研究水平。

湖北明清古建筑博物馆作为中国传统古建筑文化的保护和传承机构，承担着维系民族情感，宣扬优秀中国文化的重要职责。日后，也将继续积极发挥自身作用，加大宣传力度，使更多的国内外观众领略到古建筑博大精深的科学、艺术魅力，成为不同国家和民族了解中国、了解湖北、了解武汉的一座桥梁。

第二章
湖北明清古建筑博物馆珍贵瓷器文物
保护修复措施

第一节　项目概述

2018 年，湖北省文物交流信息中心受湖北明清古建筑博物馆的委托，对该馆所藏的 200 件（套）破损瓷器文物进行保护修复方案的编制；同年，该方案获湖北省文物局批准（鄂文物综〔2018〕64 号文件，详见图 2-1）。2019 年 9 月，湖北省文物交流信息中心根据具体情况编写实施方案，并通过专家评审（图 2-2）；12 月，经政府采购程序，湖北省文物交流信息中心作为中标单位与湖北明清古建筑博物馆签订本项目的保护修复合同。由于 2020 年年初突如其来的新冠肺炎疫情，项目难以如期开展，故项目延至 2020 年 5 月才正式启动，其中项目重难点内容按咨询会专家意见（图 2-3）进行处理。2022 年 5 月，本项目的保护修复工作全部完成。

湖北省文物局文件

鄂文物综〔2018〕64 号

关于湖北明清古建筑博物馆馆藏珍贵瓷器
文物保护修复方案的批复

省古建筑保护中心：

你中心《关于呈报湖北明清古建筑博物馆馆藏珍贵瓷器文物保护修复方案的请示》（鄂古建〔2018〕1 号）收悉。经组织专家评审，我局同意所报方案。

此复。

图 2-1　项目方案批复文件

　　本项目中的 200 件（套）瓷器存在海水侵蚀、缺损、裂缝、胎釉酥粉等病害，是一批较为典型的宋代民间海上贸易瓷器，在瓷器制作工艺方面具有可追溯性。本项目依据方案实施，以"保护第一、加强管理、挖掘价值、有效利用、让文物活起来"的文物工作方针为指导，在保护修复过程中，严格执行文物保护技术规范，遵循不改变文物原状原则，确保文物的真实性、艺术性；遵循最小干预原则，做到可识别与整体协调相结合；坚持所使用的修复材料可再处理，达到结构稳定、材料耐久的要求，确保文物可长期保存和陈列展览。

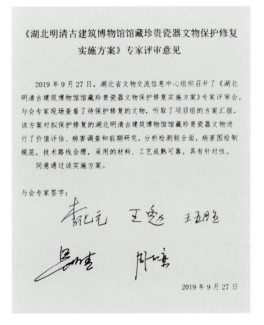

图 2-2　项目实施方案专家评审意见　　　　**图 2-3　项目咨询会专家意见**

一、项目基本情况

　　湖北明清古建筑博物馆馆藏的 1 563 件（套）西沙出水宋代瓷器未经过修复处理（2002 年中国历史博物馆藏品科技保护中心联合湖北省文物总店对这批瓷器进行附着物清理、脱盐、封护处理，此后于库房封存），存在残损、破裂等现象，近期观察发现还出现了返盐的状况，故需进行进一步的保护修复工作。湖北明清古建筑博物馆馆藏珍贵瓷器文物保护修复项目中的 200 件（套）瓷器均出自这批西沙出水宋代瓷器，含二级文物 44 件（套），三级文物 156 件（套）。通过与华光礁一号沉船出水瓷器进行对比研究，可合理推测西沙海域发现的同类型瓷器的原生产地、运输渠道、分布范围、流通区域等历史信息，复原宋代海上丝绸之路交通贸易路线的体系框架。

　　本项目遵循文物保护修复基本原则，根据器物具体病害、体质状况规范实施保护修复，尺度适当、效果良好。

二、项目保护修复历史

本项目中的 200 件(套)器物为 1998 年湖北省文物总店得到的一批非法打捞的宋、元时期陶瓷器中的一部分。当时由于归属等种种原因,文物未能得到及时的保护处理。2002 年 6 月,鉴于该批文物(图 2-4)历经近千年海水浸泡,打捞之后又未经脱盐处理,且存放于冬夏温差及湿度差都较大的环境中三四年之久,加之库房条件又极为简陋,溶解性盐的自然析出和结晶膨胀,对陶瓷器,尤其是低温釉陶和胎质较疏松的瓷器的釉面及胎质都形成了极大的威胁,部分瓷器釉面已出现剥蚀现象,脱盐保护工作已是刻不容缓。为此,湖北省文物局委托中国国家博物馆对这批陶瓷器进行保护处理。

图 2-4　出水瓷器

中国国家博物馆相关专家在经过海洋沉积物定性分析、表面形貌观察等检测分析及器物脱盐、污染物清理试验后,制订具体而细致的除垢、脱盐、加固的保护方案,分阶段、有步骤地对该批陶瓷器进行了脱盐保护,具体详情见《一批特殊的西沙出水陶瓷器脱盐保护方法概述》一文。本项目所用沉积物及锈蚀去除剂为柠檬酸、EDTA-2Na(乙二胺四乙酸二钠)，所用中和剂为碳酸氢钠，所用釉面加固及封护剂为 Paraloid B-72 丙酮溶剂。

本项目中的器物自 2002 年经附着物清理、脱盐、封护处理后至今，经历多次保存环境变更，此次实施保护修复前发现部分器物上有较为特殊的紫斑污染物。通过资料寻找、零星记录和专家回忆得知，由于历史原因，本项目无完整的保护修复及环境变更记录可供参考，仅存照片记录为 2012—2016 年第一次全国可移动文物普查中所留。据相关工作人员口述，在此照片记录前，该批器物已经历过一次存放箱体变更及一次库房变更，但前后均无照片及档案留存，故无法详细评估 20 年间器物的变化情况及环境变更对器物的影响。为了避免类似事件再次发生，在保护修复前，先行对上述仅存的历史保护修复资料(图 2-5)进行了整理，以便更好地填补历史记录的缺失。

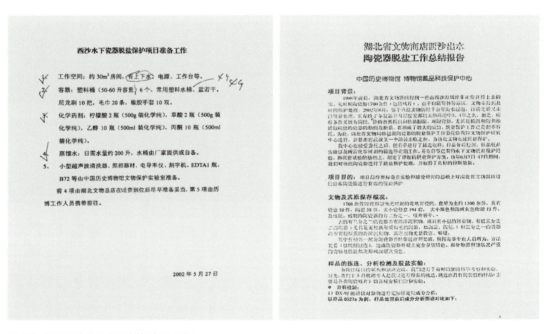

图 2-5　相关历史资料电子存档(部分示例)

第二节　现状调查

一、病害情况

　　本项目中的 200 件（套）瓷器为出水文物，器物釉面受海水侵蚀较为严重，部分器物釉面已经剥落，大部分器物釉面呈现磨砂状且产生盐析现象，同时还存在冲口、裂缝、残缺、断裂等问题，虽然曾经经历过脱盐及封护处理，但时隔多年又再次出现了盐析现象。病害统计情况见图 2-6，这几种病害中仅缺损一种为稳定病害，其余皆为活动或可诱发病害，急需保护修复处理。

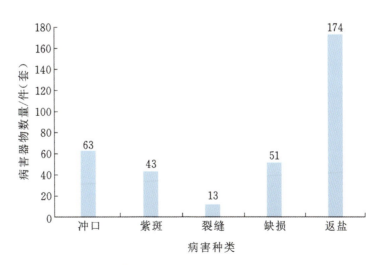

图 2-6　器物病害统计情况

（一）缺损

缺损，指器物因外力作用而出现破碎，造成器物局部缺失（图2-7）。

（二）返盐、釉面脱落不稳定

器物釉面受海水侵蚀较为严重，部分器物釉面已经剥落，大部分器物则是釉面呈现磨砂状且产生盐析现象（图2-8）。

图 2-7　存在缺损病害的瓷器

图 2-8　存在返盐、釉面脱落不稳定病害的瓷器

图 2-9　存在紫色斑点的瓷器

（三）紫色斑点

本项目中部分器物釉层以下及胎体存在紫色斑点，大部分存在紫色斑点的器物釉面受侵蚀严重，胎体轻，存在酥粉（图2-9）。

（四）冲口

多数器物出现冲口，纹路较细，冲口多沿口沿往器物腹部延伸或绕腹部、底部一周(图 2-10)。

（五）裂缝

裂缝，指器物因外力作用而出现穿透胎体的纹路(图 2-11)。

图 2-10　存在冲口的瓷器

图 2-11　存在裂缝的器物

二、保存环境调查

目前湖北明清古建筑博物馆存放文物的库房环境简陋，面积狭小，这 1 563 件(套)瓷器堆积在 15 个保险箱中，器物用报纸或泡沫薄膜包裹，堆叠存放，十分拥挤。瓷器虽然对温湿度的要求不高，但对保存方式有一定的要求，需尽量做到一器一盒，避免器物之间相互碰撞(图 2-12)。

图 2-12　存放于保险箱中的器物

第三节　检测分析

一、溶解性固体检测分析

在实施保护修复前，选取器物进行溶解性固体检测分析，以判断这批器物是否需要进行脱盐处理；若需要，则对器物进行脱盐处理。

（一）溶解性固体检测分析

通常采用离子色谱法对器物进行溶解性污染物分析。离子色谱（ion chromatography，IC）是高效液相色谱（high performance liquid chromatography，HPLC）的一种，它具有分析速度快、检测灵敏度高、多离子同时分析、取样手段多样等特点，目前在瓷器文物保护修复领域，常用于溶解性盐的检测分析及脱盐情况判断。

（1）检测仪器：赛默飞世尔科技（Thermo Fisher Scientific）公司的 Dionex Aquion 型离子色谱仪。

（2）检测条件：测定溶解性阴离子含量，每个样品平行测定两次，同时扣除空白试验。

（3）检测对象及检测过程：将宋青釉带盖瓷粉盒（000875）浸泡于去离子水中，使用水质检测 TDS 笔检测去离子水中 TDS（total dissolved solids，溶解性固体总量），直至 TDS 值稳定不再上升，取该溶液送检（图 2-13）。

（4）检测结果：详见表 2-1。

图 2-13　水样 TDS 值检测

表 2-1　离子色谱检测结果

藏品编号	藏品名称	离子含量/(mg/L)				
		氟离子	氯离子	硝酸根离子	硫酸根离子	磷酸根离子
000875	青釉带盖瓷粉盒	0.2	1.8	—	87.1	—

离子色谱仪显示该器物浸泡后所得溶液中，硫酸根离子含量远超其他阴离子。由此推测，器物存在硫酸盐物质，需要进行脱盐处理，以稳定器物内部环境。

（二）脱盐处理

对器物进行脱盐处理前，可先选取 1 件（套）器物进行脱盐试验。脱盐试验的目的是初步把握器物脱盐状况和脱盐效果，以判断该脱盐方式是否安全且行之有效。具体操作是使用去离子水浸泡器物，并用水质检测 TDS 笔检测水中 TDS 值，待其趋于一个定值后，更换去离子水，再重复上述步骤，直到水中 TDS 值趋于 5 mg/L 即可结束脱盐。

在实际操作中，将宋青釉带盖瓷粉盒（000875）放入去离子水中浸泡，检测水中 TDS 值并记录相关数据，之后进行换水处理，重复以上步骤，观察水中 TDS 值的变化情况，直至水中 TDS 值趋于 5 mg/L 即可结束脱盐（表 2-2）。

表 2-2   出水瓷器脱盐试验记录

检测日期	检测时间	TDS 值/（mg/L）	温度/℃	试验过程
2020 年 5 月 3 日	16:35	0	28.1	将器物置于去离子水中浸泡
	16:37	15	38.7	超声波清洗仪加温至 38 ℃清洗 2 分钟,测量水中 TDS 值并记录
	16:50	35	28.1	水温降回室温,静置后,测量水中 TDS 值并记录
		35	28.1	搅拌后,测量水中 TDS 值并记录
2020 年 5 月 15 日	15:05	0	28.1	将器物置于去离子水中浸泡
	15:10	128	35.2	超声波清洗仪加温至 38 ℃清洗 2 分钟,测量水中 TDS 值并记录
	17:10	135	27.1	水温降回室温,静置后,测量水中 TDS 值并记录
2020 年 5 月 24 日	15:00	278	30.5	超声波清洗仪加温至 38 ℃清洗 2 分钟,测量水中 TDS 值并记录
	15:05	278	35.2	换水
	15:10	0	25	水温降回室温,静置后,测量水中 TDS 值并记录
2020 年 7 月 5 日	15:55	5	27.1	超声波清洗仪加温至 38 ℃清洗 2 分钟,测量水中 TDS 值并记录
	16:00	—	—	水中 TDS 值处于 5 mg/L 左右,对器物进行脱水处理
	16:05	—	—	将器物置于通风处自然干燥

从上述试验记录可以看到,浸泡该样品的去离子水在经过超声波清洗仪加热后,水中 TDS 值均处于升高状态,这证明在该瓷器样品中存在着大量的溶解性盐,在温度及水环境适宜的情况下,溶解性盐会自瓷器本体溶解至去离子水中,也说明该方法可对器物进行有效脱盐处理。

二、特殊污染物检测分析

在对这批数十年前曾经经过脱盐处理的海洋出水瓷器进行再次保护修复处理时，发现其中存在一种较为特殊的紫斑污染物（图 2-14）。经过观察及统计，发现该污染物面积较大，涉及器物较多，已经影响器物的艺术价值。

受污染器物均为同批出水的宋代瓷器，器物均存在胎釉结合度较差的问题，为了进

图 2-14　器物紫斑污染物

一步了解污染物的主要成分，完成对存在特殊污染物器物的保护修复工作，采用显微镜观察、X 射线荧光光谱（XRF）分析、扫描电镜-能谱联用分析等多种检测方法对污染物主要成分及形成原因进行判断。

（一）表面形貌观察

表面形貌观察是对瓷器整体状态进行初步判定的主要手段，可使用显微镜类的仪器设备观察胎釉的状况、污染物与器物的结合状态、污染物对器物的污染情况、污染物形态等。

（1）观察仪器及观察条件：使用艾尼提（Anyty）3R-MSUSB601 型数码显微镜在其自带光源下进行观察。

（2）观察对象：检测分析对象为图 2-15 所示宋青釉带盖瓷粉盒（000875），对粉盒盖部釉层完好处及粉盒底部露胎处进行观察。

图 2-15　宋青釉带盖瓷粉盒（000875）

（3）观察结果：宋青釉带盖瓷粉盒（000875）显微观察结果详见表2-3。

表 2-3　宋青釉带盖瓷粉盒（000875）显微观察结果

序号	胎体显微照片	釉面显微照片	观察结果
1			通过显微观察可知，粉盒盖部釉层完好处紫斑污染物未涉及釉层，均在釉层下方胎体内；而粉盒底部露胎处紫斑污染物已深入胎体，且呈现由深层向外层扩散的趋势，存在浅层与深层污染两种情况
2			
3			

（二）污染物主要成分分析

污染物主要成分分析通常分为两个步骤，先是借助 X 射线荧光光谱仪分析本体材质与病害的主量元素，再借助 X 射线荧光衍射分析仪判断其主量元素的组成结构。其目的是厘清病害源头，并以此为基础，寻找清理病害的最佳方法。

（1）仪器及检测条件：

① 赛默飞世尔科技（Thermo Fisher Scientific）公司的尼通 XL3t950 型 X 射线荧光光谱仪，检测条件如下：

激发源：高性能微型 X 射线管，银靶。测试电压：50 kV。测试电流：200 μA。测试模式：矿石模式。测试时间：65 s。测试光斑直径：3 mm。

② EDAX 公司的 EAGLE Ⅲ XXL 能量色散型 X 射线荧光光谱仪，检测条件如下：

测试电压：30 kV。测试电流：500 μA。测试时间：200 s。测试束斑直径：300 μm。

③ Phenom-World 公司的 Phenom XL 型电镜能谱一体机，测试条件见检测分析结果。

④ 堀场（HORIBA）公司的 LabRAM HR Evolution 型激光显微共焦拉曼光谱仪，检测条件如下：

激发光源：采用 473 nm 和 785 nm 波长激光器。物镜：50 倍长焦，光栅 600 lines/mm，狭缝宽度 200 μm，仪器分辨率 2 cm^{-1}，采用单晶硅片校准。

（2）检测对象：宋青釉瓷碗（000517）与宋青釉带盖瓷粉盒（000875）这 2 件（套）器物的紫斑污染物部位（图 2-16）。

图 2-16　宋青釉瓷碗（000517）**与宋青釉带盖瓷粉盒**（000875）

（3）检测结果：

① 宋青釉瓷碗（000517）与宋青釉带盖瓷粉盒（000875）X 射线荧光光谱（XRF）检测分析结果详见表 2-4。

表 2-4　器物 XRF 检测分析结果

样品编号	质量分数/%								检测部位
	Fe	Ti	Ca	K	Al	P	Si	S	
MQ517	18.95	0.79	0.23	1.91	19.55	0.301	21.51	0.51	外侧紫斑
MQ517-1	2.50	0.33	15.7	5.13	28.59	1.387	45.5	0.19	底部紫斑
MQ875-1	0.90	—	16.2	7.04	24.59	—	46.84	0.30	脱落釉层
MQ875-2	3.34	—	0.84	2.74	28.87	—	53.16	—	底部紫斑
MQ875-3	3.68	—	0.91	3.36	27.62	—	49.81	—	侧边紫斑

注：检测分析部位除了 MQ875-1 为器物釉层脱落部位，其余均为器物胎体部位。

这 2 件（套）瓷器均为宋代白胎青釉瓷，又为海洋出水瓷器，比对李乃胜所著《海洋出水瓷器保护研究》一书中相关检测分析结果可知，紫斑部位 Fe 元素含量有明显异常（白胎瓷器胎体 Fe 含量通常为 1% 以下），且部分检测点测出瓷器胎体常规成分中鲜见的 S 元素。

② 宋青釉带盖瓷粉盒（000875）胎体能量色散型 X 射线荧光光谱（EDXRF）检测分析结果详见表 2-5。

对比分析该器物胎体紫斑部位与无紫斑部位的 EDXRF 检测分析结果，可以看出两个部位 K_2O、Fe_2O_3 的原子百分比与质量百分比均存在较大幅度的变化，其中紫斑部位 Fe_2O_3 的原子百分比与质量百分比均高于无紫斑部位，而 K_2O 则相反。

表 2-5　宋青釉带盖瓷粉盒(000875)**胎体 EDXRF 检测分析结果**

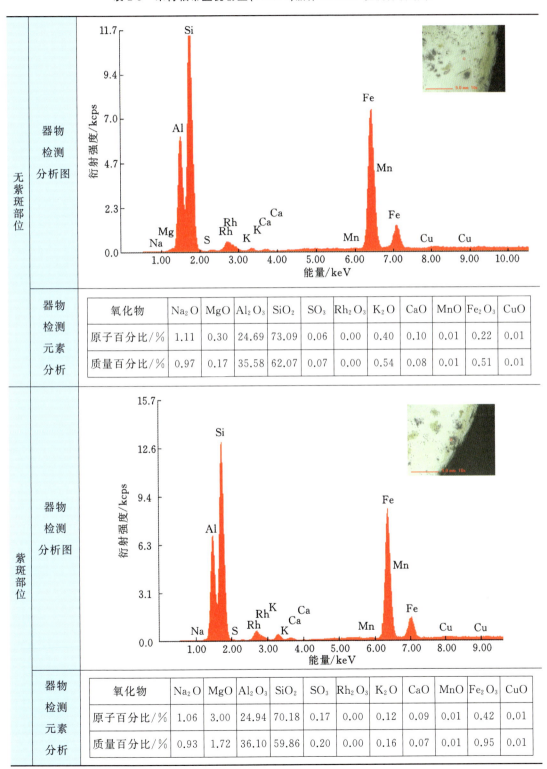

无紫斑部位	器物检测分析图											
	器物检测元素分析	氧化物	Na₂O	MgO	Al₂O₃	SiO₂	SO₃	Rh₂O₃	K₂O	CaO	MnO	Fe₂O₃	CuO
		原子百分比/%	1.11	0.30	24.69	73.09	0.06	0.00	0.40	0.10	0.01	0.22	0.01
		质量百分比/%	0.97	0.17	35.58	62.07	0.07	0.00	0.54	0.08	0.01	0.51	0.01

紫斑部位	器物检测分析图											
	器物检测元素分析	氧化物	Na₂O	MgO	Al₂O₃	SiO₂	SO₃	Rh₂O₃	K₂O	CaO	MnO	Fe₂O₃	CuO
		原子百分比/%	1.06	3.00	24.94	70.18	0.17	0.00	0.12	0.09	0.01	0.42	0.01
		质量百分比/%	0.93	1.72	36.10	59.86	0.20	0.00	0.16	0.07	0.01	0.95	0.01

③ 宋青釉带盖瓷粉盒(000875)紫斑部位与无紫斑部位电镜能谱一体机检测分析结果分别见表 2-6、表 2-7。

表 2-6　宋青釉带盖瓷粉盒(000875)紫斑部位电镜能谱一体机检测分析结果

检测次数	第一次检测			第二次检测		
器物电镜分析图						
检测条件	视场宽度为 1.28 mm,采用背散射电子探测器(BSD)进行成像			视场宽度为 942 μm,采用背散射电子探测器(BSD)进行成像		
器物检测元素分析	元素	原子百分比 /%	质量百分比 /%	元素	原子百分比 /%	质量百分比 /%
	O	48.48	41.60	O	49.42	41.71
	Al	14.21	20.57	Al	14.71	20.94
	Si	10.61	15.99	Si	11.70	17.34
	C	24.17	15.57	C	21.82	13.83
	Fe	1.77	5.29	Fe	1.91	5.63
	Mg	0.76	0.98	Mg	0.43	0.55

注:由于紫斑污染物为器物非常规病害,故此处针对器物紫斑污染部位做了两次检测,以核对数据的准确性。

表 2-7　宋青釉带盖瓷粉盒(000875)无紫斑部位电镜能谱一体机检测分析结果

器物电镜 分析图	
检测条件	视场宽度为 625 μm，采用背散射电子探测器(BSD)进行成像

元素	原子百分比/%	质量百分比/%
O	50.76	43.33
Al	14.55	20.95
Si	11.83	17.73
C	21.15	13.55
Fe	1.32	3.93
Mg	0.39	0.50

器物检测元素分析

　　从扫描电镜所呈现的器物胎体形貌可以看出，该器物胎质疏松，存在大量孔隙，应是长时间海水侵蚀所致。同时，根据能谱对焦点部分的元素分析可以看出，该器物胎体主要元素 Al、Si 等，虽然与常规瓷器胎体成分一致，但其含量明显低于常规瓷器胎体，应为长期浸泡于海水中造成的胎体损伤所致。该器物紫斑污染物处 Fe 含量略高于同器物未见紫斑污染部分，差异并不十分显著，但两者整体含量均高于白胎瓷器胎体常见 Fe 含量(白胎瓷器胎体中 Fe 含量通常为 1% 以下)。

④ 宋青釉带盖瓷粉盒(000875)紫斑部位拉曼光谱分析结果详见图 2-17。

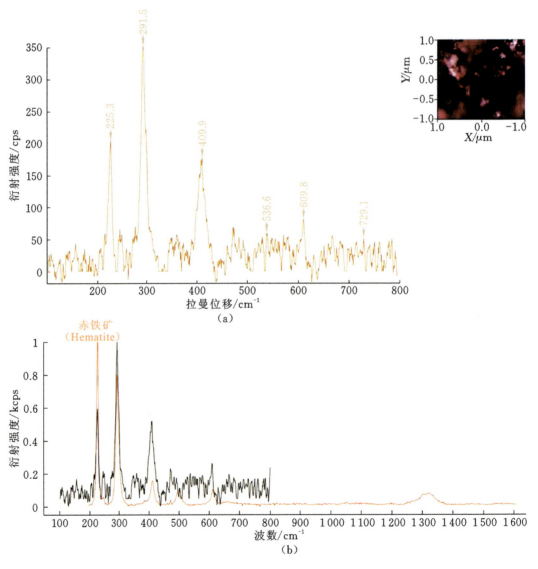

图 2-17　紫斑部位微区拉曼光谱分析结果

对比紫斑污染物部位光谱与堀场(HORIBA)所提供的标准谱可知,该污染物主要成分为赤铁矿(Hematite)。

（三）检测分析结果讨论

（1）根据数码显微镜观察结果可知，器物胎体结构疏松、孔隙较大，极易受外来污染物影响。

（2）根据能量色散型 X 射线荧光光谱分析结果，结合器物胎体肉眼可见细白均匀且少杂质，并非紫金土或灰胎这一情况可知，该紫斑部位的 Fe 含量远高于同海域、同年代出水瓷器胎体 Fe 含量；而拉曼光谱则显示紫斑主要成分为赤铁矿。结合上述分析结果，推断紫斑可能为 Fe_2O_3 与环境因素共同作用所致。

（3）根据前文所述离子色谱分析结果可知，器物存在以硫酸盐类物质为主的溶解性污染物，说明器物在保存时处于含有硫酸盐类物质的环境或器物本身含有未清理的硫酸盐类物质，所以该器物需要进行脱盐处理；器物在水中浸泡后，紫斑并无明显变化，说明紫斑部位主要构成成分并不溶于水。

第四节　价值评估

一、历史价值

宋元时期海上丝绸之路盛极一时，中国瓷器随着水路销往世界各地。此批考古出水瓷器地点可与我国、东南亚各国出水瓷器地点及史料所记海上丝绸之路的路线资料相互印证，对完善我国海上丝绸之路的路线及瓷器外销实际情况具有极其重要的作用。

湖北明清古建筑博物馆馆藏瓷器文物保护与利用研究

(一) 福建瓷器与海上贸易

通过对这批瓷器进行整理后发现，这批瓷器以闽清义窑瓷器为主，辅以晋江磁灶窑、德化窑、同安窑系瓷器，基本为福建窑口的外销瓷。福建地处我国东南沿海，是古代南方重要的陶瓷产区，其"靠海吃海"的贸易条件与宋代海贸兴盛的状况互相成就，福建在南宋时期迅速兴起了一批以对外贸易为主的窑场。这批窑场围绕福州、泉州港向内陆展开，分布广而密，从而形成了新的瓷业生产格局。因此，这批瓷器为探究南宋时期福建海上贸易的整体路线提供了重要的参考。而这一点，国家文物局考古研究中心的孟原召研究馆员在《华光礁一号沉船与宋代南海贸易》一文中已清楚阐明："闽清义窑位于闽江下游地区，窑场濒临江畔，其由产地经由闽江顺流而下，可先抵达福州，或扬帆远航，或再次转运他港。磁灶窑、德化窑、南安窑等产品则可通过晋江，顺流而下先至泉州，或直接装船远航，或再次转易港口后出洋。"

所以这200件(套)瓷器既体现了南宋海外贸易中泉州、福州两港的重要性，在一定程度上也体现了福建沿海地区宋代制瓷手工业的发展和繁荣。

(二) 珠光青瓷与同安窑系

图 2-18　宋青釉刻划花碗(残)

本次保护修复的200件(套)器物中，初步判断存在同安窑系青釉篦纹碗20件，器物内部大多刻有两组花草纹饰，刻划之外用篦状工具或横划或直印，横划者呈篦状复线，直印者呈并排的篦点，外壁见刻划折扇纹，胎体厚重，瓷胎粗糙，施釉多较薄，釉色较多，有青绿、青灰、黄褐等色，器物上施釉不及底，底足均露胎。产品以碗类为主，也有大盘。这些内壁有篦划纹的青瓷碗、盘，曾在一段时间里被称为"珠光青瓷"或"土龙泉"(图 2-18、图 2-19)。

094

图 2-19　宋青釉篦划花卉纹瓷碗(001186)

　　珠光青瓷，因日本高僧、草庵茶道创始人、被称为日本"茶汤之祖"的村田珠光（1422—1502）喜爱而著称。在日本流传下来的茶会记中，也有对珠光青瓷的记载，但日本学者长期误认为其产地是浙江德清后窑，它神秘的面纱直到汀溪窑的发现才被揭开。

　　1956 年，故宫博物院研究员陈万里前往闽南一带进行古窑址考察时，首次发现并证实同安窑即"珠光青瓷"的产地。当时青釉瓷器中"另有一种色深绿"的"以往一般古董商去泉州购的所谓土龙泉"。可见，"土龙泉"是古董商对泉州所产类似于龙泉窑瓷器的称呼。到了 20 世纪 60 年代初，庄为玑在其《浙江龙泉与福建的土龙泉》一文中指出，"所谓'土龙泉'，指福建仿制的龙泉青瓷"，并进一步论述了二者在质地、造型、釉色、纹饰等方面的区别，认为土龙泉仿自龙泉，"绝大部分是相同的，但精粗不同，仍可区分"，将"土龙泉"的概念扩大到福建南部地区宋元窑址所产瓷器。

　　20 世纪 70 年代，以李辉炳所著《福建省同安窑调查纪略》一文为开端，他对比了日本所谓的"珠光青瓷"和同安窑青瓷，证实了它们为同一产地的产品。此时同安窑青瓷因其自身的影响力为大众所知。而随着考古发掘工作的展开，逐渐发现"珠光青瓷"或同安窑青瓷产地遍布福建地区的 15 个县市，共计 25 处窑址；同时为了配合《中国陶瓷史》的编写，林忠干、张文釜在《同安窑系青瓷的初步研究》一文中总结，"宋元时期，深受龙泉青瓷风格影响的在福建地区烧造的以同安汀溪窑为代表，具有地方特色的一群青瓷窑址"可统称为"同安窑系"。

到了 21 世纪，傅宋良、林元平在其所著《中国古陶瓷标本·福建汀溪窑》中认为，同安窑系应指"珠光青瓷"一种产品类型，因窑址同时兼烧几种釉色产品类型，所以福建地区同类窑业可称为"汀溪类型"。

综上可知，同安窑系指代同安窑系中"珠光青瓷"这一产品类型，近期学者以"汀溪类型"泛指闽北和闽南地区大部分烧造"珠光青瓷"的窑址。

在厘清"珠光青瓷"与"同安窑系"的关系后发现，关于同安窑系的研究既有从个别窑址到窑系的，也有从外文资料到国内挖掘报告的，由此可见同安窑系在福建陶瓷史上占有重要的地位。所以，这 20 件曾被称为"珠光青瓷"的同安窑系青瓷，既体现了日本茶道兴盛时期对中国瓷器的依赖，也说明了同安窑系青瓷在促进中外经济文化的交流方面作出的巨大贡献。

二、科学价值

这批待修复的瓷器文物器型丰富，有粉盒、罐、执壶、瓶、盘、碗等，多为日常用瓷，制作工艺多样。通过对其胎釉的显微观察及成分分析，可以判断外销瓷与内销瓷胎釉配料间的异同。而通过直接观察器物拉坯方式与装饰手段，则可了解是否存在为提高生产效率而出现工艺简化、模具化制作等情况，也可推断器物的制作工艺流程及制作工具。

北宋中期，为了适应生产生活需求，瓷器生产技术在扩大烧制规模、简化制作工序、降低劳动成本、提高生产速度的整体要求下，出现了篦纹装饰。只要使用多齿工具，一次就可以在瓷器上刻划出多条并行线纹，比原先逐条刻划的线纹来得快速而便利。篦纹装饰即在这种工艺简化的基调下被大量运用，作为刻划纹的辅助性纹饰，在之后的发展过程中也不断简化着，逐渐朝抽象的形式发展并最终消亡。这种情况在这 200 件（套）瓷器中大量存在，说明南宋福建沿海的贸易瓷器已经开始熟练使用这种工具，提高外贸用瓷的产量，节省生产时间，以应对大宗海外贸易。

三、艺术价值

本项目保护修复的瓷器器型多样，有碗、盘、碟、壶、瓶等，装饰丰富，有印花、划花等工艺；大部分是独具匠心、工艺精湛的艺术品，具有较高的艺术价值。本项目保护修复的瓷器，无论造型、装饰纹样，还是胎釉颜色等，都是中国古代先民审美观念的具体体现，是中华民族的伟大发明和艺术结晶。

（一）刻划与篦纹

在这 200 件（套）器物中，存在大量刻划与篦纹装饰器物（图 2-20 至图 2-24）。刻划纹饰是指在已干或半干的陶瓷坯体表面上，用竹制或铁制工具来刻划出各种深浅、面积不同的纹饰。这批器物中大部分以直刀深刻、斜刀广削的方式刻划，在不需要完全剔除纹饰四周胎土的情况下，制造出立体阴影的效果，刻划出来的线条犀利流畅、层次有别。在刻划纹饰的周围，还存在细密的篦纹。篦

图 2-20　宋青釉篦划叶纹瓷碗（000922）

纹是陶瓷器装饰的原始纹样之一，和刻划纹有些相似，但所用工具不同。宋代篦纹一般使用尖齿的篦状工具（一种用排针制成的刀具）来制作纹饰，最早是利用梳子和篦子的尖齿划并列线纹，后来用铁针、竹、木制成多齿如梳子状的刀具。工具虽然简单，但是只要根据纹样需要灵活运用工艺技巧，可以使线条灵活多变。其中，用划花方法形成的细密平行线条纹，习惯上称"篦划纹"；用戳刺方法形成的细密如芝麻点状的成片点状纹样，似锥刺纹，习惯上称"篦点纹"。此外，还有栉齿纹、梳篦纹、连点状纹、直线（或弧线）篦点纹、篦线纹、弧形纹、字形纹等多种名称。

图 2-21　宋青釉篦划敞口瓷碗(000633)

图 2-22　宋青釉篦纹直口瓷碗(000942)

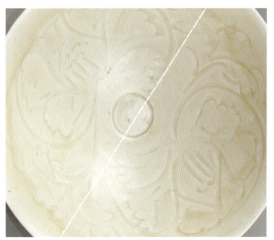

图 2-23　宋青釉篦划花卉敞口瓷碗(000566)

图 2-24　宋青白釉篦划敞口瓷碗(000590)

　　这批瓷器多在刻划的花瓣、叶子轮廓内，用篦状工具勾勒出呈组状密排的细线，来表示叶脉和花瓣的纹理(图 2-20)。部分碗内壁刻划的卷草纹形似卷云，是用一至三道线条合成的(图 2-21、图 2-22)；部分器物为简单几刀卷草纹，笔触宽可近 5 毫米，或分成若干组（图 2-23），或是在重复出现的形似花朵的刻划中存在篦纹，若隐若现，形成团花（图 2-24）。

这些刻划纹、篦纹装饰艺术，满足了当时的社会审美需求及海外贸易需求，给人朴素高雅的艺术感。而这种以刀具在陶瓷胚上进行简单的艺术创作、以刻划花及篦纹进行构图和空间处理的方式，则构成了属于民用瓷器的独特的艺术语言。

（二）吉字与祈福

这批器物中有多件青釉瓷器存在较为特殊的"吉"字印花装饰，内容为"吉"或"大吉"，吉字位于器物碗底，碗壁内刻划单或双弧线，并在弧线周围根据其走势或顺或逆进行篦纹装饰（图 2-25、图 2-26）。刻花篦纹形成的纹饰较为抽象，对比宋代其他器物，比如宋刻花鸭纹碗（图 2-27）中的水波纹后发现，这批器物中"吉"字纹碗四周的刻花篦纹可能为水波纹。

图 2-25　宋青釉吉字款敞口瓷碗（000570）　　　　　**图 2-26　宋青釉吉字款敞口瓷碗**（000665）

图 2-27 宋刻花鸭纹碗

因为"图必有意，意必吉祥"，根据已有沿海考古发掘报告发现，沿海地区的人们自史前就常在陶器上装饰形似海水交叠状的绳纹，以此来隐喻大海能给渔猎生活带来好处；而放射状篦点形纹则如阳光照射海平面折射出的光芒。这类纹样有着"海洋文化"的特色，代表原住民对丰厚物资的需求以及对大海赐予基本物资的敬仰。所以，在福建沿海地区所制外销瓷中会出现这种水波纹与"吉"字相结合的纹样，很可能也同样是因为对海洋文化的敬仰；又因这种"吉"字印花于南宋海外贸易瓷器中频繁出现，结合历史状况推测，该纹样很可能是沿海居民向妈祖祈求庇护的一种方式。

四、社会文化价值

可移动文物是人类社会活动所产生的反映历史、文化、经济状况的遗物。出水瓷器作为考古器物则较为清晰地反映出当时水路贸易的交易偏好、交易量，以及贸易瓷器的制作手法和工艺特征。

对这一整批器物进行文物学研究，并结合胎釉检测分析，比对福建当地窑口出土样品的分析数据，可对这批出水瓷器进行更准确的窑口判定。同时，这些研究所得的纹饰、器型、胎釉成分数据均可整理汇总成南宋时期沿海地区外销瓷的相关数据库，为后续出水瓷器的研究工作提供助力，充实目前较为薄弱的沿海地区外销瓷文物学研究相关内容。

第五节　保护修复技术路线

一、保护修复理念及目标

本项目拟保护修复的器物共 200 件(套)，为十多年前经过脱盐等处理的器物。保护修复工作的目标是，这批文物经过保护修复后能够达到釉面及器物结构稳定、补配部分材料耐久和可再处理的要求，确保文物能在陈列展览中展示出其完整的文物信息，且在长时间展陈中不发生返盐现象。

本着"保护第一、加强管理、挖掘价值、有效利用、让文物活起来"的方针，根据《中华人民共和国文物保护法》(2017 年修正本)，在保护文物时，坚持不改变文物原状的原则，最小干预的原则，使用的材料必须符合可再处理的原则，可识别与整体协调相结合的原则，保护修复工作过程中，要严格遵守保证文物真实性的原则。

二、方案设计依据

- 《中华人民共和国文物保护法》(2017 年修正本);
- 《中华人民共和国文物保护法实施条例》(2017 年修订);
- 《馆藏文物保存环境质量检测技术规范》(WW/T 0016—2008);
- 《国家重点文物保护专项补助资金管理办法》(财教〔2013〕116 号);
- 《可移动文物病害评估技术规程　瓷器类文物》(WW/T 0057—2014)。

参考的相关文件如下:
- 《陶质文物彩绘保护修复技术要求》(GB/T 30239—2013);
- 《陶质彩绘文物病害与图示》(WW/T 0021—2010);
- 《陶质彩绘文物保护修复方案编写规范》(WW/T 0022—2010);
- 《陶质彩绘文物保护修复档案记录规范》(WW/T 0023—2010)。

三、技术路线

　　由于本项目中所有器物均为出水瓷器文物，且于 2002 年时经过附着物清理、脱盐及封护处理，所以本次保护修复需去除历史封护后再进行后续处理。可是由于这批器物并非全部进行过封护，且无档案资料记载确切封护器物，同时，显微观察未发现封护涂层痕迹，所以对本项目的保护修复技术路线进行调整，直接对器物进行脱盐处理，拆卸则针对曾经粘接过的器物。本项目整体贯彻文物修复中的最小干预原则，以留存文物历史研究信息为第一要务；同时为了满足展陈需求，存在缺损的器物则需经过完整修复流程，以达到良好的修复及展示效果。本项目主要采用的保护修复技术路线见图 2-28。

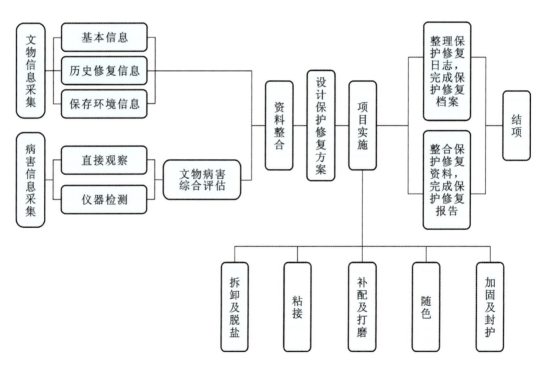

图 2-28　本项目保护修复技术路线图

第六节　保护修复实施过程

一、保护修复中的分类处理

对这批器物进行整体评估后，在保护修复阶段对器物进行分类处理，分类处理的步骤包括脱盐及补配随色。

1. 脱盐分类

在对这批器物进行整体脱盐前，对1件(套)存在紫斑和1件(套)不存在紫斑的粉盒分别进行静置脱盐处理，即将器物置于去离子水中浸泡15天后观察其TDS值。通过静置脱盐处理发现，浸泡紫斑器物的去离子水中TDS值远高于无紫斑器物。由于紫斑器物普遍存在胎釉疏松的现象，为防止紫斑器物的溶解性固体污染无紫斑器物，所以将两者分开进行脱盐处理。

2. 补配、随色分类

由于这批器物具有同类产品数量多、纹饰重复率高的特点，在瓷器文物类型学上极具研究价值。所以，为了更好地保留其原始信息，避免过度干预，对补配与随色的器物进行如下规定：

（1）若器物缺损最长部分不超过2厘米，则对该部分进行补配处理，补配时加入色粉，做相近色补配，不予随色（图2-29）。

图 2-29　宋青釉瓷碗(001599)保护修复前

（2）若器物缺损最长部分超过2厘米，则对该部分进行补配并随色（图2-30）。

（3）随色时，对于胎体疏松的器物（图2-31），不做过渡性随色处理；对于胎釉较为致密的器物（图2-32），则做过渡性随色处理。

（4）对于存在冲线的器物，清理冲线并进行加固处理，但不做遮盖处理（图2-33）。

图2-30　宋青釉篦纹敞口瓷碗（000170）保护修复前

图2-31　宋青釉磨印牡丹八方瓷盒（000145）保护修复前

图2-32　宋青釉瓷执壶（000626）保护修复前

图2-33　宋青釉篦划敞口瓷碗（000587）保护修复前

二、具体实施方法

1. 历史封护清理

主要工具：防滑手套、脱盐池、水质检测 TDS 笔。

工作要点：根据器物历史资料可知，器物在历史保护修复中存在封护情况，但根据相关工作人员口述，当时并不是所有器物都进行了封护处理，且由于历史原因，没有每件器物的单独档案，故无法得知具体封护的器物。所以先尝试使用显微镜观察器物表面，判断器物是否存在封护层。

在实际操作中，抽检 20 件（套）器物，器型涉及盘、碗、粉盒，均未能在显微镜下见封护层常见眩光。所以实际处理中，只能跳过该步骤，直接进入脱盐处理。

2. 脱盐

这批瓷器采用静置脱盐法脱盐（图 2-34）。

主要材料：去离子水。

主要工具：防滑手套、脱盐池、水质检测 TDS 笔。

工作要点：脱盐结束的标准为脱盐池内水中 TDS 值趋近于 5 mg/L。

（1）用去离子水浸泡器物，如脱盐时气温较低可采用冷热交替法进行脱盐处理。

（2）脱盐 24 小时后，测量水中 TDS 值并记录，然后更换脱盐池内去离子水，再重复步骤(1)。

（3）重复上述步骤，直至脱盐池内水中 TDS 值趋近于 5 mg/L。由于项目中存在特殊污染物器

图 2-34　脱盐

物，故存在紫斑的特殊污染物器物与无紫斑器物分开脱盐。其中，存在紫斑污染物的器物脱盐周期为 12 个月，无紫斑的器物脱盐周期为 2～6 个月。

（4）器物脱盐后静置于通风处等待自然干燥。

3. 清洗、拆卸

去除修复器物表面及断裂部位的各种附着物，为实施下一步工序做准备。针对不同污垢，分物理清除法、化学清除法两种，本项目中主要采用化学清除法。

主要材料：去离子水、柠檬酸、EDTA-2Na、过碳酸钠、碳酸氢钠。

主要工具：棉签、保鲜膜、医用手套。

工作要点：在不破坏文物本体的前提下，尽可能将器物表面、断面的附着物清除。

图 2-35　清洗

（1）大部分器物的附着物，可用 3％过碳酸钠溶液浸泡或局部涂抹予以清除（图 2-35）。

（2）器物缝隙与冲线中的附着物需单独清除。

（3）细节部位用棉签蘸取有机溶液进行擦除。

（4）出水瓷器的附着物、未清理干净的锈蚀物，可复配 5％的柠檬酸和 2％的 EDTA-2Na 溶液进行湿敷或浸泡处理，再使用碳酸氢钠溶液中和。

4. 加固

主要材料：Paraloid B-72、乙酸丁酯。

主要工具：竹签。

工作要点：将复配 3％的 Paraloid B-72 乙酸丁酯溶液均匀涂抹到需要加固的冲口、裂纹、裂缝处，进行渗透加固。

5. 粘接

对拆卸清理完毕的器物进行粘接处理。

主要材料：爱牢达 2020 环氧树脂胶。

主要工具：竹签、透明胶带。

工作要点：粘接处无明显落差，无残胶。将爱牢达 2020 环氧树脂胶涂抹在器物断面，而后用透明胶带临时固定（图 2-36），待胶体完全固化后将胶带拆开，并用手术刀去除多余残胶。

图 2-36　粘接

6. 补配

主要材料：509 环氧树脂胶、滑石粉。

主要工具：竹签、瓷板、医用打样膏、自由树脂、蜡片。

工作要点：补配部分基本形状、走势与原器物一致（图 2-37）。

图 2-37　补配

（1）器物上宽缝隙、无胎装饰花纹的小残缺部位可直接用补配材料填平，补齐缺损部位。

图 2-38　打磨

（2）若器物出现大面积缺损或立体部位缺损（如耳、足缺损），且缺损部位形状复杂或压印有胎装饰纹饰，则应采用翻范法进行修补。

7. 打磨

主要工具：手术刀、刀片、雕刻刀、各类砂纸（木砂纸、耐水砂纸、金相砂纸）、砂条、电动角磨机。

工作要点：打磨后应在视觉、触感上均与原器物无明显差别（图 2-38）。对于胎质疏松以及脱釉的器物打磨时需注意控制打磨范围。

8. 随色

主要材料：聚氨酯漆、硝基漆、矿物色粉。

主要工具：喷笔、毛笔、气泵、瓷板、鼓风机、小瓷杯。

工作要点：随色后颜色、质感与原器物基本一致（图 2-39），可分为上底色、上釉色、画纹饰三个步骤。随色是瓷器修复中最难的一道工艺。

图 2-39　随色

这批瓷器文物在随色过程中用到以下四种技法：

（1）涂刷法：使用毛笔进行随色，是一种传统而又最普遍的随色方法。

（2）喷涂法：使用喷笔进行随色，随色均匀、细腻、不留接痕、施工速度快、表现技法多样。

（3）点染法：使用毛笔做出分布不均匀和形状不规则的色斑或色点的效果。

（4）弹拨法：利用笔毛反弹作用把涂料液弹成雾状小点落于着色部位。

9. 釉面加固及封护

主要材料：Paraloid B-72、乙酸丁酯。

主要工具：毛笔、排刷。

工作要点：由于器物为出水瓷器，器物的胎釉结合程度较差，所以需对器物涂刷一层3％的 Paraloid B-72 乙酸丁酯溶液进行渗透性加固处理（图 2-40）；同时，Paraloid B-72 乙酸丁酯溶液成膜后还可减少环境对器物的影响。涂刷效果以无流淌痕迹、无眩光为准。

图 2-40　釉面加固及封护

10. 照片采集

（1）保护修复前需对器物的破损状况及病害细节进行拍照留存。

（2）对于保护修复过程中器物的状况，需及时拍照进行留档，以明确保护修复流程或在保护修复未完成时，通过梳理留档照片及时进行技术变更。

（3）保护修复后，需根据器物保护修复前照片的角度，进行器物保护修复后照片的留存，以评估保护修复效果。

11. 建立档案

建立档案是文物保护修复后最重要的工作之一，包括文物保护修复前的病害描述、文物保存状况的评估、保护修复材料记录、文物保护修复具体流程的记录以及文物保护修复效果的相关评价等。

保护修复档案一方面是当下每件文物保护修复情况的重要存档资料；另一方面，也是保护修复材料革新或所使用材料老化后拆卸重修时的重要依据。

第七节　保护修复重难点及其处理

一、器物历史来源探究

2000 年左右湖北省文物局曾邀请海南省文物专家对本项目所属的 1 563 件（套）出水器物进行鉴定，判断为南海出水文物；同时，通过与出水瓷器中南宋的南海一号、华光礁一号器物进行品种、造型与装饰的对比后判断，这批器物应为宋代出水瓷器，但由于历史原因，器物具体来源尚且未定。所以在保护修复前，先尝试通过分析本项目中的 200 件（套）器物的造型、制作和烧造工艺及器底墨书，初步对这 200 件（套）器物进行窑口的区分，再对比目前已有出水瓷器情况，尝试对这 200 件（套）器物进行溯源。

通过对器物所属窑口的综合分析（图 2-41），判断这 200 件（套）器物以闽清义窑的青白釉、青釉篦纹碗形器为大宗，共 158 件（套）。这些器物大多有篦梳纹样（图 2-42），部分器物存在葵口、出筋（图 2-43、图 2-44）。闽清义窑青白釉瓷器流釉、积釉较多，胎体呈灰白色，釉色以白色泛青为主，个别釉色偏黄。

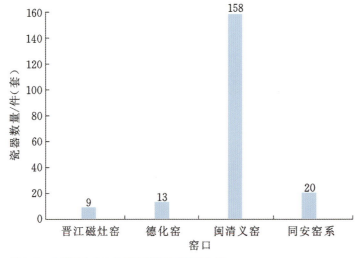

图 2-41　本项目中 200 件（套）瓷器所属窑口分析

图 2-42　闽清义窑青白瓷碗

图 2-43　宋青白釉篦划波浪纹敞口瓷碗(000675)

图 2-44　宋青釉花口瓷碗(000955)

剩余器物中存在同安窑系的青釉篦纹碗形器 20 件(套)。同安窑系青釉瓷器胎骨呈灰白、浅灰色,质地比较坚硬,釉层较薄,釉呈青黄、黄绿和青灰色,也有少量青绿莹润的釉层略厚。这 20 件(套)同安窑系器物整体虽然经过海水侵蚀,但仍旧可见其胎釉结合紧密,仅部分器物釉面开细小冰裂纹,在受海水侵蚀后有脱釉状况(图 2-45)。

图 2-45　宋青釉篦纹直口瓷碗(000942)

还有 9 件(套)酱釉瓷器及 13 件(套)青白釉瓷器。酱釉瓷器(图 2-46、图 2-47)包括扁壶、玉壶春瓶、扁罐、四系罐等,胎体较粗,多为灰白色,部分已经完全脱釉,通过对比已有考古资料中器物(图 2-48、图 2-49)的器形、施釉习惯等,判断应为晋江磁灶窑所产。青白釉瓷器类型包括粉盒、瓷瓶、执壶(图 2-50),通过对比已有考古资料中器物(图 2-51)的器形、施釉习惯、釉层附着状况、装饰纹样、器底墨书风格、成型工艺,判断为德化窑所产。

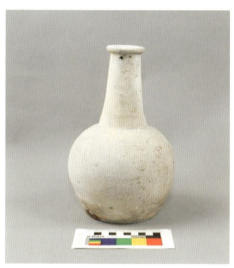

图 2-46　宋直颈瓷瓶(000982)

图 2-47　宋扁瓷罐(001158)

图 2-48　晋江磁灶窑酱釉瓷器

图 2-49　晋江磁灶窑酱釉束口瓶

图 2-50　宋青白釉瓷执壶　　　　　　　　　　　图 2-51　德化窑青白釉大盘底部墨书"押花"

　　综上可知，这批器物均为福建窑口所产。又因这批器物为出水瓷器，在查阅相关水下考古资料后可知，目前，晚唐时期的中国外销陶瓷主要发现于东南亚与西亚，印度尼西亚发现的"黑石号"沉船遗物中也发现了该年代的陶瓷制品，主要包括河北邢窑白瓷、浙江越窑青瓷、湖南长沙窑青釉瓷以及广东仿越窑的粗制青瓷等品类。而在印度尼西亚廖内群岛海域、斯里兰卡阿莱皮蒂海岸文物点等地发现的北宋瓷器，则以广州西村窑、潮州窑瓷器，佛山奇石窑酱釉器为主。但到了南宋时期，无论是南宋早期的福建莆田北土龟礁一号沉船、西沙群岛华光礁一号沉船，还是南宋中期的广东南海一号沉船，基本都是闽清义窑青白瓷和青瓷最多，德化窑青白瓷、晋江磁灶窑酱黑釉瓷也较多，还有龙泉窑及同安窑系的青瓷、景德镇青白瓷、福建地区黑釉瓷等。这与本批瓷器的窑口状况基本一致，但经过对器物的对比分析发现，南海一号沉船中的器物装饰与器形更加丰富，这批器物无论是在器形、装饰工艺还是在施釉工艺上都更接近南宋早期水下考古所发现的陶瓷遗物，由此判断该批器物应为南宋早期、福建销往外地的贸易用瓷。

同时，将器物与海南省博物馆的华光礁一号出水瓷器进行对比后发现，这批器物无论是在器形还是在施釉、装饰工艺上都基本一致（图 2-52），且华光礁一号存在历史盗捞情况，所以推测这批器物很可能为华光礁一号盗捞器物流入市场的一部分。

图 2-52 南溟泛舸——南海海洋文明陈列

二、特殊污染物的处理

根据前述初步检测分析结果可知，由于器物胎体结构疏松、孔隙较大，极易受外来污染物影响，推测特殊的紫斑污染物应是器物在出水后未能得到及时处理，致使污染物经海水逐渐渗入胎体后形成的，釉层部分相对致密，难以形成吸收液体物质的基础，所以污染物未存在于釉面，而是沿自然开片部分渗入釉层下方胎体。又因为器物胎体肉眼可见细白均匀且少杂质，并非紫金土或灰胎，故而根据 X 射线荧光光谱及能量色散型 X 射线荧光光谱两者分析结果可知，该紫斑部位的 Fe 元素含量远高于同海域、同年代出水瓷器胎体 Fe 元素含量，且胎体中存在 S 元素。

图 2-53　宋青釉带盖瓷粉盒(000876)

所以推测紫斑污染物是海水侵蚀、出水后保存状况及脱盐操作、后续保存环境共同作用的特殊产物。

因此在清理污染物时，可先尝试对器物进行局部化学与物理清理试验，再根据试验结果优化清理方式。清理试验选用图 2-15 所示宋青釉带盖瓷粉盒(000875)、图 2-53 所示宋青釉带盖瓷粉盒(000876)作为样品，样品编号为 MQ875 及 MQ876。

（一）化学清理试验

1. EDTA-2Na 清理试验

由于推测污染物可能为铁盐类和硫酸盐类物质共同作用产生，根据《海洋出水瓷器保护研究》一书可知，EDTA-2Na 对该类型病害处理效果较好，故选取该化学试剂作为清理试剂。又因为 EDTA-2Na 在碱性溶液中溶解度较好，故复配 5％的 EDTA-

2Na 和 1‰ 的 NaOH(两者比例为 1∶1)溶液滴于脱脂棉上对试验样品紫斑污染物进行局部湿敷，48 小时后观察紫斑污染物清理效果。试验结果见表 2-8。

表 2-8　EDTA-2Na 清理试验结果

样品编号	点滴前 60 倍微距照	点滴后 60 倍微距照	试验结果
MQ876Y-1			通过四处污染物 60 倍微距照片可以看出，湿敷后污染物部分区域颜色均略有减淡，减淡部分为颜色较淡的浅表层紫斑污染物所在部位，对深层紫斑污染物的清理效果并不明显
MQ876Y-2			
MQ876Y-3			
MQ875D-1			

注：编号 MQ876Y-1、MQ876Y-2、MQ876Y-3 为釉下紫斑污染物，编号 MQ875D-1 为底部露胎处紫斑污染物。

湖北明清古建筑博物馆馆藏瓷器文物保护与利用研究

2. 双氧水清理试验

在用5％的EDTA-2Na和1％的NaOH溶液清理效果并不十分显著的情况下，尝试选取单一强氧化剂对紫斑污染物进行局部清理试验。试使用30％的双氧水对器物紫斑污染物进行点滴清理，24小时后观察紫斑污染物清理效果。试验结果见表2-9。

表 2-9　30％的双氧水点滴清理试验结果

样品编号	点滴前60倍微距照	点滴后60倍微距照	试验结果
MQ900G-1			比对两处点滴前后60倍微距照可知，MQ900G-1紫斑外围有明显减淡效果，紫斑面积缩小，MQ876N-1紫斑整体减淡，露出下层黄色部分，说明30％的双氧水对紫斑污染物有清理效果
MQ876N-1			

注：两处点滴部位均为器物露胎处紫斑污染物。

由于溶液浓度较高，而器物本身胎釉结合度较差，为防止釉面因高浓度强氧化剂发生进一步脱落，应控制双氧水点滴位置不涉及釉层。

3. 草酸(乙二酸)溶液清理试验

在双氧水有一定清理效果的情况下，尝试选取草酸对紫斑污染物进行局部清理试验。试用30％的草酸溶液对器物紫斑污染物进行湿敷，24小时后观察紫斑污染物清理效果。试验结果见表2-10。

118

表 2-10　30％的草酸溶液点滴清理试验结果

样品编号	点滴前 60 倍微距照	点滴后 60 倍微距照	试验结果
MQ900G-1			比对 MQ900G-1 及 MQ876N-1 胎体紫斑污染物清理情况可以看出，MQ900G-1 的浅层紫斑存在变淡的效果，MQ876N-1 的整体深色紫斑则出现泛红的情况。说明湿敷用的高浓度草酸对紫斑有一定的清理效果，但是效果并不理想。通常在实际操作中也不可能使用高浓度草酸对器物进行浸泡清理
MQ876N-1			

注：两处湿敷部位均为器物露胎处紫斑污染物。

4. 化学清理试验小结

综上可知，化学清理试剂对浅表层与深层紫斑污染物的清理效果差异较大，部分浅表层污染物在上述局部清理试验中已达到清理效果，但深层区域仍存在明显的污染物痕迹。其中 5％的 EDTA-2Na 和 1％的 NaOH（两者比例为 1∶1）溶液对浅表层的紫斑污染物有一定的清理效果，并且在 60 倍微距观察下，器物釉面及胎体未见损伤，若将其作为清理试剂，可以考虑调高试剂浓度。而 30％的双氧水和 30％的草酸溶液对浅表层污染物清理效果较好，可是仍旧难以完全清理深入胎体且面积较大的紫斑污染物。使用较高浓度的强氧化剂也仅对器物紫斑污染物起到变浅效果，若将其作为清理试剂，容易对文物造成保护性损伤，所以若在实际中使用还需考虑降低浓度，并进一步延长试剂作用的时间。

湖北明清古建筑博物馆馆藏瓷器文物保护与利用研究

（二）物理清理试验

针对器物露胎处，尝试使用传统机械清理及激光灼烧清理的方式对紫斑污染物进行清理，并就两者的清理效果进行对比分析。试验结果分别见表2-11、表2-12。

表 2-11　传统机械清理试验结果

样品编号	传统机械清理前微距照	传统机械清理后微距照	试验结果
MQ876D-1 （60×）			60 倍微距下可见MQ876D-1 经机械清理后紫斑面积明显缩小，但是斑点中间部分颜色较深处仍有明显的团状污染物痕迹
MQ876D-2 （60×）			60 倍微距下可见MQ876D-2 经机械清理后紫斑污染物有减淡效果
MQ875C （200×）			200 倍微距下可见MQ875C 经机械清理后紫斑面积明显缩小，但是斑点中间部分颜色较深处仍有明显的团状污染物痕迹

120

表 2-12　激光灼烧清理试验结果

样品编号	激光灼烧后 200 倍微距照	剔除灼烧痕迹后 200 倍微距照	试验结果
MQ875A			由 MQ875A 激光灼烧清理结果可知,激光灼烧达到了微观灼烧的效果,紫斑区域颜色由紫变黑,激光灼烧后再用手术刀可以轻易去除灼烧黑迹,但残留的紫斑仍很集中,整体变化不大,激光仅在紫斑最表面起作用
MQ875B			MQ875B 与 MQ875A 清理过程相同,在激光灼烧清理后进行机械清除,明显达到紫斑污染物清除效果

注:①仪器型号为 EOS 1000 LQS 型文物激光清洗机;

②仪器参数如下:

能量:130 mJ;脉冲:5 Hz;光斑直径:2 mm。

综上所述,器物上的紫斑污染物明显存在表层和深层区别,其中表层紫斑污染物可以采用传统机械法直接清除。由于激光灼烧有粉化作用,非但不能达到清除的预期效果,反而会在清除灼烧黑迹时带来新的污染,故建议清除以传统机械法为主。但是采用传统机械法清理紫斑污染物时,器物周围表层会受到一定影响且无法触及深层紫斑污染物,在器物胎质疏松的情况下,如果采用传统机械法清理大面积紫斑污染物,可能会对胎体造成一定影响。

（三）试验结论及紫斑处理方案

1. 试验结论

（1）海洋出水瓷器在出水后，需要尽快完成器物脱盐工作，并留存相关静态影像资料及保护档案。在器物入藏保存后，应严格监控其保存环境，避免对器物造成二次损害。

（2）对于胎釉结合度较差、胎质疏松、保存状况较差的瓷器，在进行清理试验前，必须进行显微观察及相关检测分析。其中，显微观察是为了确定文物本体形貌与状态，为后续清理方式的选择奠定基础；而相关检测则是为了缩小病害产物的范围，为物理清理方式及化学清理试剂的选择提供依据。在兼顾两者后，更要注意根据试验目的选取区域，避免在操作中对文物造成损害。

2. 紫斑的处理方案

针对紫斑污染物，若采用物理清理方式，则只能对器物粉化表面的紫斑污染物有明显作用，但对于缝隙中的紫斑污染物则无能为力；若采用化学清理方式，虽化学试剂可以渗入缝隙，但对紫斑污染物并无明显的清理效果。参考李文静等人在《"华光礁Ⅰ号"沉船出水瓷器"保护性损伤"量化评估的 ICP-AES 分析》一文中所描述的结论：每种清洗剂都会对瓷器造成一定程度的损坏，"清洗剂对瓷器损伤程度也与瓷器本身的保存状况相关，保存情况差的瓷器对清洗剂的影响更敏感，更易受到破坏"。

而本项目中存在大面积紫斑污染物的器物，基本都存在釉面疏松、触手即粉的情况。因此，为了更好地对器物进行保护处理，湖北省文物交流信息中心召开专家咨询会，咨询专家对存在紫斑污染物器物的处理意见。与会专家在听取汇报后，给予"保持现状"的处理建议。故本项目对粉化胎体或缝隙中的紫斑污染物采取脱盐后封护的处理方式，避免为清除侵染污染物而对粉化胎体造成新的破坏。

第八节　部分瓷器文物保护修复前后对比

本项目中部分瓷器文物保护修复前后对比详见表 2-13。

表 2-13　本项目中部分瓷器文物保护修复前后对比

藏品编号	藏品名称	保护修复前照片	保护修复后照片
000142	青釉瓷粉盒配件		
000145	青釉磨印牡丹八方瓷盒		
000170	青釉篦纹敞口瓷碗		

续表2-13

藏品编号	藏品名称	保护修复前照片	保护修复后照片
000517	青釉瓷碗		
000568	青釉花口瓷碗		
000626	青釉瓷执壶		
000631	青釉瓷执壶		

续表2-13

藏品编号	藏品名称	保护修复前照片	保护修复后照片
000632	青釉篦划敞口瓷碗		
000647	青釉篦划波浪纹敞口瓷碗		
000933	青釉篦纹吉字敞口瓷碗		
000953	青釉花口瓷碗		

湖北明清古建筑博物馆馆藏瓷器文物保护与利用研究

续表2-13

藏品编号	藏品名称	保护修复前照片	保护修复后照片
001252	白釉菊瓣形撇口瓷瓶		
001256	白釉菊瓣形撇口瓷瓶		
001271	白釉菊瓣形撇口瓷瓶		
001588	青釉瓷碗		

藏品编号	藏品名称	保护修复前照片	保护修复后照片
000160	青釉篦纹敞口瓷碗		
000365	青釉瓷碗		
000580	青釉篦划花卉敞口瓷碗		
000726	青釉瓷碗		

续表2-13

藏品编号	藏品名称	保护修复前照片	保护修复后照片
000757	青釉瓷碗		
000758	青釉瓷碗		
000900	青釉带盖瓷粉盒		
000922	青釉篦划叶纹瓷碗		

续表2-13

藏品编号	藏品名称	保护修复前照片	保护修复后照片
000954	青釉花口瓷碗		
001273	白釉菊瓣形撇口瓷瓶		

第三章
湖北明清古建筑博物馆瓷器文物收藏保管与展示利用

第一节　瓷器文物的收藏保管

一、瓷器文物保护修复后的保管养护

日常保管养护是馆藏文物保护的基础性工作，也是最重要的工作之一。加强馆藏文物日常维护保养，可以延缓文物腐蚀过程，是保障文物长久保存和传承不可或缺的关键环节。根据文物保护管理相关要求，湖北明清古建筑博物馆主要采用以下办法保管养护保护修复后的瓷器文物藏品，以阻止或延缓其自然损坏过程。

相对于其他文物来说，陶瓷器对温湿度和光线的敏感度相对较低，但依旧会因为长期光照或过于潮湿引发彩绘变色、釉面疏松等现象。通常来说，陶瓷器的保存温度应控制在 20 ℃左右，相对湿度应控制在 40％～50％之间。

经过保护修复后的陶瓷器，不宜长期放置在酸碱度高和紫外线强的环境中，最理想的保存方法是置于量身定做的无酸纸囊匣中保存。一般囊匣内有随形内衬，一个囊匣放置一件陶瓷器。本项目中存在紫斑污染物的器物胎釉疏松，且前期检测发现其溶解性固体硫酸盐含量偏高，虽经过脱盐、封护处理，但为了稳定其内外部环境，针对存在紫斑污染物的器物应做到"一物一盒"，存放于无酸纸囊匣内。

陶瓷器修复在粘接、补缺、封护工序中使用的是树脂材料，这是一种有机胶类物质，其耐老化性能相对陶瓷器要差，如长期处于温湿度变化大、光线强烈的环境中，会导致修复部位老化，出现变色或脱落。因此，为长久保存修复后的陶瓷器，应避免将其长期放置在温度过高（超过 50 ℃）的环境中，应该保存在温湿度相对稳定、光线相对较弱的环境中，库房需配备除湿、温控设备。修复陶瓷器的釉色时使用的是仿釉材料，其硬度和稳定性比正常瓷器釉面差，应避免使用利器剐蹭修复面。

在库房移动陶瓷器时，保管人员须保持双手干净、干燥，手上不可戴手套和配饰；提取陶瓷器时，要抓住器物主体，切忌单独提拿把手、耳饰等陶瓷器独立部件；在拿放带座、带盖的陶瓷器时，应将座、盖和主体单拿单放，不能连盖带座一起端；取放保护修复后的陶瓷器时，应避免提拉相对独立的修复部位；应定期观察陶瓷器外观变化，若发现修复材料脱落、粘接面再次断裂等现象应告知修复人员及时处理；保护修复后的陶瓷器应保持清洁，避免接触有机溶剂和黏性物质，日常清洁不宜使用清洁剂和利器进行清洗，若有浮灰应使用软质毛巾轻轻擦拭。

二、瓷器文物保管中的预防性保护

文物预防性保护是文物保护工作的一项重要内容，它虽然不像文物修复工作那样引人注目，但是对文物本体的影响更为长远，要引起广大文物工作者的高度重视。不同于直接干预文物本体的应急性保护，文物预防性保护旨在抑制环境对文物的危害，使文物处于一个"稳定、洁净"的安全环境中，达到长久保存文物的目的。预防性保护最早于 1930 年罗马国际文物保护会议中提出，当时主要着眼于文物环境控制。近年来，文物预防性保护理念已成为国际文化遗产保护的共识，国家也开始从政策层面重视文物的预防性保护。《国家文物事业发展"十三五"规划》要求，要逐步"实现由注重抢救性保护向抢救性与预防性保护并重转变"，确保文物安全。《国家文物保护专项资金管理办法》（2018 年修订）中，专设了"预防性保护"项目，为文物预防性保护研究开展与技术实践提供了政策支持。

随着馆藏文物研究利用范围的扩大、陈列展示形式的突破、文化创意产品的开发，文物的提用率大幅提升，文物保护工作的难度和力度相应增大，保护工作重心也从过去的以"抢救性保护为主"渐渐向"抢救性保护与预防性保护并重"发展，由注重文物本体保护向文物本体与周边环境、文化生态的整体保护转变。做好预防性保护日益成为文物保护工作的关键所在。

湖北明清古建筑博物馆内共收藏有藩王墓出土金银器、明代藩王府第石构件、民俗文物、书法、绘画、瓷器、玉器、钱币等可移动文物近 20 个类别 25 272 件（套），文物种类繁多，各类质地的文物对保存环境的要求各不相同，对文物保存环境实施有效的改造和监测控制，提升对文物风险的预控能力，最大限度地防止或减少环境因素对文物材料的破坏，是预防性保护文物的关键。

博物馆馆藏陶瓷文物预防性保护工作需要结合文物存储展示设施设备及环境评估情况，加强对环境质量的监测与调控，并应用主、被动调控措施来改善藏展环境，提升馆藏文物日常维护能力，建立长效机制，使文物预防性保护能力得到提升；对文物所处环境进行全方位监测，防止环境变化过于剧烈致使文物受损；在馆内建立一套文物保存环境监测系统及其管理机制，以实现对文物库房环境中温度、湿度、污染物等的及时感知和风险预控；使用温湿度调节控制设备，安装空气调节系统，使库房的温湿度恒定在标准范围内；用净化调湿机对文物保存微环境进行调控，增加精密空调、高效除湿机对库房小环境质量进行调控；在降雨比较集中的季节，可在文物柜内放置具有吸潮性的变色硅胶等除湿剂。

绿化环境减缓污染，在库房周围种植树木花草，做好绿化工作，保持环境清洁；在藏品库房内的通风处安置空气过滤设备或密纹纱窗，或封闭门窗，利用空调、新风系统等装置排除有害气体，净化库房空气；保持库房清洁，使用吸尘器清扫库房；藏品入库前要经除尘处理，库房保管员穿清洁的工作服及拖鞋，以免将灰尘带入库内；藏品入库前或提取使用后要进行消毒灭菌处理，严禁已被害虫或霉菌感染而未经杀虫、灭菌处理的文物藏品入库，防止将害虫和霉菌带入库房内留下隐患；对已入库的藏品要经常检查，定期放杀虫、杀菌剂，对有虫屎、蛀蚀粉末等的藏品要及时做杀虫处理并马上隔离，以阻止蔓延。

依照"稳定、洁净"原则加强对馆藏陶瓷器文物保存环境的调控，保持库内清洁、空气流通，把库房内湿度控制在 $40\%\sim50\%$，温度控制在 $20\ ℃$ 以下；未设空气调节设备的藏品库房应贯彻变温恒湿的原则，相对湿度不应大于 70%，且昼夜间的相对湿度差不宜大于 5%，以破坏霉菌和害虫的生长发育条件；藏品储存环境和设备应定期消毒，以免感染藏品；定期检查文物现状，及时将需要修复的文物报告领导，确定处理办法；库房内禁止存放易燃易爆、腐蚀性物品及其他有碍文物安全的物品，并严禁烟火；库房的建筑材料与设备，应根据装备的工艺及科技发展定期更新。

三、瓷器文物展陈中的预防性保护

确保文物安全是博物馆展陈工作的首要任务。对于陶瓷文物保存环境难以达到要求的，应该在现有的条件下尽可能进行调控改造，改善陶瓷文物藏品所处环境状态，努力营造"稳定、安全"的文物展陈环境。采取主、被动调控措施，改善展陈环境。如博物馆展厅无法封闭，需要密封文物展柜，为文物展柜配备被动调控材料或调湿设备。重要的文物采用玻璃透明度较高、密闭性能较好的恒湿展柜。

改造展柜及展厅灯光，实现对文物保存小环境及微环境的调控。灯光设计遵循用光充足、隐蔽、经济及环保的原则，照明采用博物馆专业灯具，展厅顶棚运用轨道卤钨射灯，可根据展品的位置调整照射角度。柜内采用冷色的防紫外线的白炽灯和 LED灯，灯与展品之间要有玻璃相隔，玻璃上要贴防紫外线膜，避免文物因灯光长期照射而受到损害。

如今，预防性保护这一概念包括但不限于文物保存环境的恒温恒湿、防空气污染，还涉及文物提取、展具设计及制作材料等方面。在陈列布展进行陶瓷器的移动、摆放时，布展人员应保持双手干净和干燥，手上不戴手套及配饰。移动前，应该先察看器物外观，确认文物结构安全后再移动文物，双手施力宜平均，保证器物重心的平稳与移动时的安全。对于具有较大体量，或不便于持拿的文物，应利用必要的工具安全移动。对于重心比较高的文物，持拿时应将施力点放于较低位置的手部，另一手则辅以支撑而不施力。持拿具有彩绘的文物时，尽量避开彩绘部位，并尽可能不碰触器物的脆弱处与断接处。对于有可分离部件的器物，应该将各部分分开持拿，以免掉落与擦撞。一次最好只持拿一件器物。

　　陶瓷文物展陈时，在展具的设计使用上，应首先确保放置于其上的陶瓷文物的安全。在传统意义上，文物安全的最基本要求是确保文物稳定放置，避免其意外滑落而导致破损。陶瓷文物陈列时，须放在固定的木架子上，如实木做的博古架，一般不放在玻璃做的架子上。同时，由于陶瓷文物易磕碰，在展示时最好有加固防震防倒措施，重心高的陶瓷文物用透明尼龙线固定，防止晃动或者地震作用导致器物摔碎。

　　从文物预防性保护理念看，展具安全性还应包括其制作材料和制造工艺上的安全。涉及陶瓷文物展览展示的相关材料、设备的选用，前期需要有充分的科学的检测、评估。展厅建筑及装饰材料、展柜制作材料应均为无毒、无污染、无有害气体释放，有国家或行业颁发的合格证或检验证，符合环保要求的环保型材料。展柜内壁使用易保洁、易除尘的材料，且玻璃密封性能好，展厅地面防滑、无噪声、无污染、易清洁。

　　此外，还应制定馆藏陶瓷文物预防性保护管理制度，确定相关岗位职责，形成藏品保护、管理、协调、检测、分析、处理、预案等一系列风险预控机制，促进预防性保护意识整体提升。

第二节 瓷器文物的展示利用

一、中小型博物馆的重要性及困境

博物馆是收藏、展示文物和文化遗产，并向公众开放的非营利性社会服务机构。自 1905 年我国诞生第一家公共博物馆——南通博物苑，到如今博物馆行业已经形成特定体系，即以国家级博物馆为龙头、省级博物馆为骨干，国有博物馆为主体、民办博物馆为补充，类别多样化、举办主体多元化的博物馆体系。

中小型博物馆，通常是相对于国家级、省级博物馆而言的，大多为市、县级博物馆以及专题性博物馆就属于中小博物馆。我国博物馆事业发展在设施、设备、人才、管理等方面还具有一定程度的不均衡性，大型博物馆享有丰富的资源，而中小型博物馆则往往因为人、财、物的匮乏，导致其在展览陈列、社会教育及服务等方面存在短板。各类中小型博物馆规模虽小，但胜在数量多，如果忽视提升中小型博物馆整体水平，不仅会影响博物馆事业从数量增长上升到质量提升，甚至有可能造成整个文博行业无法估量的损失。

总而言之，中小型博物馆现今面临的困境主要有以下几点：

一是场馆建筑条件有限。国内相当一部分中小型博物馆是依托历史建筑而建立的，这些历史建筑包括寺庙、祠堂、故居等，其修建初衷并非用于文物藏品的保存和陈列，因此不可避免地存在潮湿、密闭性差、保温差、光线差、环境难调控等问题。

二是各项经费有限。中小型博物馆相比大型博物馆，在运行经费上存在巨大的差距，财政投入不足，导致其缺乏各项专业设备，运行维护不到位，同时展览、教育和服务等方面也难出彩。陈列通常采用文献式或纲要式体系，主题挖掘肤浅，陈列手段单一、陈旧，文化内涵和科技含量不高，展品缺乏精品，在大众审美和寓教于乐方面则考虑得更少。

　　三是缺乏各类专业人员。受体制的影响，机构编制有限，薪酬经费欠缺，中小型博物馆能招揽到的文博专业技术人才非常少，很难开展相关专业工作。因为缺乏专业人才，在展览陈列理念和形式上不具备新颖性和多样性，往往泛而不专，缺少全面而系统的展示。

　　湖北明清古建筑博物馆是一个以保护湖北明清古民居遗产为目标，以展存古建筑实体为主题，以展示明代藩王历史文化为特征，将遗产保护与文化传承相结合的专题性博物馆，属于中小型博物馆的范畴，因此也面临着所有类似博物馆的共同困境。找到一条适合本馆实际情况的未来发展之路，是当下所有中小型博物馆顶层设计的努力方向。如今，中国博物馆在全球博物馆体系中的影响力不断增强，博物馆人的新目标是不断提炼自身特色和优势，进一步发挥中国博物馆文化传播的积极作用，展示中国文化的强大力量，讲好中国故事，传播中国声音。这就要求我国大大小小的博物馆个体认真梳理自身发展脉络，探索适合自身特点的个性化发展模式，以弘扬优秀中华传统文化为引领，更好地发挥博物馆社会教育职能。

二、瓷器文物展示利用对策

　　博物馆是征集、典藏、陈列和研究代表地方自然和人类文化遗产的实物场所。随着时代进步，社会发展，博物馆也在不断发展变化，成为新型教育场所。随着综合国力不断提升，大众对精神层面的诉求逐渐强烈，促使博物馆在陈列、教育、服务等方面不断推陈出新，文物展示利用形式更加多样化，大众能体会到更多的参与性和自主性，"隔着玻璃看，耳旁听人讲"不再是人们参观博物馆的固定模式。

湖北明清古建筑博物馆应该进一步强化博物馆社会服务工作，不断深入研究馆藏陶瓷文物的价值，立足"以人为本"的需求，增加展陈的科技含量，形成沟通的自由空间，加强媒体的深度链接，加大品牌的宣传力度，挖掘展览的纵深内涵，增强平台的文化吸引力。

（一）策划展览

国家文物局在《关于加强博物馆陈列展览工作的意见》中强调，"陈列展览是博物馆向社会奉献的最重要的精神文化产品，是博物馆开展社会教育和公共服务、实现社会职能的主要载体和手段"。博物馆陈列展览是一种媒介，以展陈品为中心，构建特定的知识体系、叙事空间和感受体验，引导观众找到展品与自身的关系，以文化现象的呈现实现博物馆教育的功能。陈列展览是博物馆特有的展示语言，是博物馆实现其社会功能的主要途径，是博物馆工作人员与观众进行交流的桥梁和纽带，博物馆通过陈列展览向人们展示不同时期人们的生活，向人们传达历史知识、思想理念。

我国是举世闻名的陶瓷古国，陶瓷艺术历史悠久，中华文明也是一部辉煌璀璨的陶瓷文明史。陶瓷器和古人的生活息息相关，是研究古代社会的重要实物，时至今日，陶瓷器在人们的生活中仍然起着重要作用。全国各地无论是大型高等级博物馆，还是小型地方或专题性博物馆都收藏有大量不同时期的古代陶瓷藏品，陶瓷藏品是大多数博物馆收藏的核心藏品。陶瓷文物陈列展览也是博物馆常见展览类型，是以陶瓷文物为主体来诠释主题和内容的陈列展览。国内外博物馆每年都会举办大量以陶瓷文物为核心表现内容的展览，很多博物馆还专门设有陶瓷文物展厅，各类以陶瓷文物为主体，以时代、地域、窑口、工艺等特征为策展主题的陶瓷文物陈列展览层出不穷。

湖北明清古建筑博物馆是一座古代建筑及明代藩王历史文化专题性博物馆，在发展的过程中，通过调拨和征集获得了相当数量的陶瓷藏品，然而却从未进行陶瓷类展览陈列。为了讲好馆藏陶瓷文物故事，让陶瓷文物"活"起来，湖北明清古建筑博物馆有必要以陶瓷文物为核心内容，积极策划出有创意、有内涵的陶瓷文物陈列展览。首先，要进一步丰富展陈内容形式。前面章节已经提及，湖北明清古建筑博物馆以"湖北明代藩王历史文化专题展"及"神工意匠——古代建筑知识展"为常设展览，内容以图片展示居多，馆藏可移动文物藏品几乎没有展陈，在参观各个展馆时，观众容易审美疲劳。增加展陈陶瓷文物的主题展览，将陶瓷文化与古建筑文化有机结合，将带给观众不一样的体验。其次，要关注展览的艺术性和科技性。在传统观念中，博物馆是展览文物的地方，美术馆则是展览艺术作品的场所。当下，最新的理念是将博物馆与美术馆合二为一，两者都能展陈文物和艺术品。湖北明清古建筑博物馆现有的展览都注重文物性而忽略了艺术性，没有很好地借鉴美术馆的表现手法，运用声、光、电等元素增添展陈艺术性。除了艺术性，现代博物馆展览还注重科技性。近年来，数字博物馆建设成为新热点。目前，湖北明清古建筑博物馆由于条件限制，还不具备相应的先进设备，未来可以考虑引进新技术以支撑新的陶瓷文物专题展览。最后，要"以人为本"，重视观众参与。当今博物馆展陈更注重人的因素，强调以人为核心，为人服务，为社会服务。在湖北明清古建筑博物馆目前的展览中，很少涉及观众参与互动的环节。在今后的陶瓷文物展览中，可专门开辟互动区域，鼓励大众亲自参与体验。此外，志愿者参与展览讲解也是提升大众参与度的有效方式。

面对资金、资源和场地等客观条件的限制，策展人必须统筹兼顾，同时协调好展览框架、展品筛选、展线布局、形式设计、施工布展等各项工作，发掘馆藏资源，利用有限空间合理安排展线，做出特色展览，深度发掘馆藏陶瓷文物的文化特征和潜在价值，梳理其窑口、造型、纹饰、寓意、工艺、用途等多方面的特点以寻求突破，发掘新、奇、趣的展览主题。具体可以从以下两方面入手。

一是可以尝试从馆藏出水陶瓷器引申到海上丝绸之路文化，策划相关主题展览。

习近平总书记在访问东盟国家时，提出了建设"21世纪海上丝绸之路"的倡议。在"海上丝绸之路"的历史发展进程中，遗留下沉船、港口、窑址、碑刻、宫庙、瓷器、香料、丝绸等诸多物质文化遗产，这些物质文化遗产是古代中国与"海上丝绸之路"沿线国家和地区人民友好往来的历史见证。

随着共建"21世纪海上丝绸之路"的逐步推进，"海上丝绸之路"逐渐成为博物馆策展的热门选题，国内涌现出了一批以"海上丝绸之路"为主题的精彩展览。"海上丝绸之路"主题展览是为展示中外各国基于"海上丝绸之路"通道而形成的文明交融历程，深度阐释"海上丝绸之路"精神而举办的专题展览，突出不同文明在交流互鉴中的融合与共生，侧重于航海活动中商品、文化、技术、思想及人员等方面的交流互动。"海上丝绸之路"类主题展的举办集中于我国南部沿海地区，联合办展与展品来源多样是其特色，从以单一类别为主，逐渐扩展到多类别藏品；从以物质史定位为主，逐渐扩展到艺术史与文化交流史等其他学科。

陶瓷器不仅是"海上丝绸之路"中的大宗贸易商品，更对世界物质文化产生了重大影响，因而"海上丝绸之路"又被称为"海上瓷器之路"。海洋出水瓷器文物的保护和研究对于探讨"海上丝绸之路"，以及我国古代对外的经济文化交流具有重要作用。湖北明清古建筑博物馆所藏瓷器文物中，数量最多的是1 563件（套）宋代海捞瓷器。通过实施湖北明清古建筑博物馆馆藏珍贵瓷器文物保护修复项目，该批次中的200件（套）馆藏瓷器得到了保护修复，其中含二级文物44件（套），三级文物156件（套）。因此，湖北明清古建筑博物馆可以尝试以修复完成的这批宋代海捞瓷器为重点，发掘其文化特征和潜在价值，打造"海上丝绸之路"主题展览；从其窑口、造型纹饰、寓意、工艺、用途等方面寻求突破，以学术研究为支撑，拓展思路，可通过挖掘瓷器原生产地、运输渠道、分布范围、流通区域等历史信息，复原展示宋代海上丝绸之路交通贸易路线的体系框架。一方面可丰富展览信息，打破瓷器展览单一沉闷的格局；另一方面可增强展览的学术性、可读性。另外，还可从瓷器的审美趣味等方向切入，展览线避免以时间为线索，重点关注器物本身的功用性能，将其按照饮食器、水器、贮藏器、化妆品容器、茶具、洁具等来布展，突出器物丰富的造型和纹饰，揭示其多重美学内涵，反映当时人们崇尚自然、热爱生活的美好愿景，这样更能体现出陶瓷文化的博大精深；同时，强调瓷器花草纹饰，通过展示这些物象、谐音的巧妙组合，解析其包含的众多美好寓意和吉祥祝福，以体现中华民族的博大智慧和深厚底蕴。

二是从文物保护方面入手，策划有关馆藏陶瓷文物的考古对比展、成果展。近年来，许多博物馆利用重大考古发现举办了考古成果展，有效地促进了考古发掘成果的社会化普及。例如，首都博物馆举办的"王后·母亲·女将——纪念殷墟妇好墓考古发掘四十周年特展"和"五色炫曜——南昌汉代海昏侯国考古成果展"堪称考古成果展的成功案例，在文博界产生了重要影响。考古成果展是指负责考古发掘的专业考古工作单位在相关发掘和记录、保护工作完成并形成考古发掘的成果报告之后，将相关资料提供给博物馆，博物馆再以展览的形式向观众展示，是向公众展示考古工作成果、传授考古知识、增强公众文物保护意识的重要途径。对比展在一定程度上也可以看作考古成果展，它是通过不同地域的考古发掘成果的对比，来反映文物的突出特点等。国内其他博物馆也举办了一些颇有特色的考古对比展、成果展。例如，故宫博物院与景德镇市陶瓷考古研究所联合举办的"明代御窑瓷器——景德镇御窑遗址出土与故宫博物院藏传世洪武、永乐、宣德瓷器对比展""明代御窑瓷器——景德镇御窑遗址出土与故宫博物院藏传世成化瓷器对比展""明清御窑瓷器——故宫博物院与景德镇陶瓷考古新成果展"，这几个展览共同组成明代御窑瓷器系列考古成果展览，通过器物对比的方式进行展陈，旨在为大众提供全面了解明代景德镇御窑烧造瓷器品种和欣赏标准器的机会，以弘扬博大精深的中国陶瓷文化，满足人民群众日益增长的精神文化需求。

大众对于文物藏品的理解，除依靠自身知识储备以外，还依靠展陈中提供的相关信息，而这些信息的有效传播程度又与展陈模式密不可分。按常规模式策划湖北明清古建筑博物馆馆藏陶瓷文物精品展，显然效果是不好的。受馆藏资源实际情况限制，湖北明清古建筑博物馆举办一个单纯的瓷器精品展显然资源不足，而且瓷器精品展模式陈旧，缺乏新意，学术性较强，吸引力有限。如前所述，陶瓷文物展示的主题可以是直接表达其本体属性和特征，也可以是拓展性展示，比如可以围绕陶瓷文物相关历史事件、海洋贸易、造船航海、港口航路、文化交流，甚至水下考古、文物保护等方面展开。以上成功的考古对比展、策划案例，成为湖北明清古建筑博物馆研究与探讨如何策划陶瓷类专题展览的重要素材。湖北明清古建筑博物馆可通过馆藏出水瓷器与其他华光礁出水瓷器的对比研究，挖掘西沙海域发现的同类型瓷器原生产地、运输渠道、分布范围、流通区域等历史信息，复原展示宋代海上丝绸之路交通贸易路线的体系框架；还可以与同器型瓷器原产地窑口所出土的瓷器进行比对分析，阐述两者间的异同。此外，将在其他国家出土的同类瓷器与湖北明清古建筑博物馆馆藏的出水瓷器进行比较研究，也是一个很好的切入点。

（二）合作联动

湖北明清古建筑博物馆陶瓷文物藏品数量有限、品种单一、年代集中，不足以反映陶瓷器所蕴含的历史信息，不足以揭示当时社会文化、宗教生活的深层关系，以及陶瓷文化的整体面貌。解决这一问题最有效的方法是，加大相关藏品征集力度，拓展馆藏品征集范围，增加藏品数量，优化藏品结构；注重展品本身的艺术价值和学术价值，积极向上级申请进行文物拨调或借用，和相关文博单位进行资源共享，让可移动文物顺利在馆际流转。如今，博物馆间展览交流日益频繁，展览资源日益贫乏，利用现有馆藏陶瓷文物策划有科学性、艺术性的陈列展览，这对陶瓷文物资源相对匮乏的湖北明清古建筑博物馆来说是极大的挑战。确立宏观视野，以自主创新和整合资源为指导思想，遵循多视角观察的研究思路，湖北明清古建筑博物馆拟通过相关学术研究来确定展览主题和遴选展品，以学术视角组织展览构架，通过重新整合陶瓷文物资源形成具有一定学术影响的专题陶瓷文物展。

整合文物藏品资源，加强合作办联展。有合适的联展策划可请求湖北省文化和旅游厅、国家文物局支持，请湖北省文物事业发展中心、中国文物交流中心牵头协调各文博单位的参展文物，参展文博单位承担筹措展览经费和项目具体实施的任务。在南部沿海地区相关文博单位的收藏中，有一批非常重要的华光礁一号沉船遗址出水瓷器文物。这些出水瓷器文物年代可考、品种丰富，如果能把其与湖北明清古建筑博物馆的出水瓷器文物收藏整合在一起，可极大地丰富在相关领域的研究视野，为策划联合展览打下坚实的藏品基础。

促进公私收藏联动，加强民间沟通合作。随着收藏热的兴起，一部分文物爱好者在陶瓷器收藏上投入大量人力、物力，"藏宝于民"是社会普遍现象。如何利用民间陶瓷器收藏，已成为摆在文博工作者面前的一个重大难题。从诸多实践案例来看，以博物馆为平台整合公私陶瓷器收藏办展，并开展相关学术研究和教育推广工作，是在湖北明清古建筑博物馆陶瓷文物藏品资源有限的境况下，发展和创新博物馆事业的一种新模式。

积极打开视野，寻求国际合作。2021年上海博物馆推出的"东西汇融：中欧陶瓷与文化交流特展"是2020年新冠肺炎疫情暴发以来，国际博物馆界参与地区最广的展览项目，堪称疫情之下全球博物馆力量与国际合作的范例，汇聚了来自法国、英国、荷兰、美国、葡萄牙等七个国家的十余家世界知名博物馆和收藏机构的精美瓷器文物。在上海博物馆的努力下，参展阵容史无前例的豪华，策展思路、展览视角、学术框架和阐释方式上亦多有突破。不仅在学术研究的基础上充分展示了瓷器的丰富文化内涵，而且在形式设计上也别具匠心，将文物尽可能地还原到与其相吻合的历史氛围中，使展览的形式与内容相得益彰、完美统一，取得了意想不到的展示效果。湖北明清古建筑博物馆应该以新的学术视角，策划展览细节，配置整合全球资源，以最高标准选择展品，打造适合中国观众的内容，举办精品陶瓷器展览；并以陶瓷为媒介，侧重图像、技艺、观念的交流，力求透物见史，以全新视域呈现当时的世界贸易和早期全球化中的跨文化交流。

（三）社教活动

　　"博物馆是一个为社会及其发展服务的、向公众开放的非营利性常设机构，为教育、研究、欣赏的目的征集、保护、研究、传播并展出人类及人类环境的物质及非物质遗产"。自从 2008 年全国博物馆实行免费开放后，博物馆成为一种面向大众的、无进入障碍的、集文化与教育为一体的开放式场所。博物馆作为社会公共文化机构，其功能已经由一开始的"以藏品为中心"向"以人为本"转变，从以收藏和研究功能为主，转变为以教育和服务功能为主。教育部、国家文物局曾在《关于利用博物馆资源开展中小学教育教学的意见》中，对将博物馆教育资源转化为校内教育教学实践提出了明确的指导意见。博物馆社会教育活动通常是围绕陈列展览开展的，在一定程度上还是对展览内涵的补充和延伸。

　　湖北明清古建筑博物馆作为湖北省文化和旅游厅所属事业单位，湖北省重点文物保护单位，国家二级博物馆，也是湖北省唯一的古建筑专题类博物馆，近年来，致力于加大教育资源开发力度、改进教育方式方法、积极探索建立馆校合作机制，吸引了越来越多的观众，尤其是各个年龄阶段的青少年走进博物馆，在参观古建筑的同时，学习传统古建筑文化知识；还定期举办一系列流动展览进校园活动，力求将优秀展览内容精心设计制作成便于携带安装的展板，有时还带上模型教具，展览成果反响热烈，受到师生们的一致好评。

　　"美学教育"即审美教育。狭义地讲："美学教育是通过艺术手段对青少年进行教育"。广义地讲："美学教育是运用自然界、社会生活、物质产品与精神产品中一切美的形态，给青少年以耳濡目染、潜移默化的教育，以达到美化心灵、行为、语言、体态，来提高道德与智慧的目的"。美学教育旨在端正青少年态度，提高青少年审美意识和审美能力，促使青少年"爱美、健康、创美，从而获得美的仪表、美的心灵、美的行为、美的形体、美的动作，成为德、智、体、美全面发展的有用人才"。人类的一切艺术文化都源于社会生活，传统古建筑文化亦不例外。透过各式各样的古建筑，可剖析各时代、各地域的自然现象、社会生活、民族习俗以及宗教、神话，乃至政治、经济、文化、军事等。中国传统文化的美，美在所承载的千年历史文明，美在所凝聚的千千万万劳动智慧，美在所映射的奇异人文特色。中国传统物质文化遗产的美，美在匠心独运，美在浑然天成，美在一处处纹饰细节中。传统建筑文化与湖光山色交相辉映，是湖北明清古建筑博物馆区别于许多博物馆的一大特色，重视美学、美商教育是社会教育个性化发展的必然趋势。因此，因馆制宜以"美学思维"为突破口，在设计课程、传授相关知识时，增加美育思维启发和指导，提倡动手、动脑、动嘴，改变传统低效课堂，探索构建高效课堂，引入闭环教学模式，力求提升博物馆社会教育教学的有效性。

备受学界推崇的人本主义教育家罗杰斯（美国）曾经这样界定："教师必须是学生自主学习的促进者。"也就是说，博物馆教育课程不仅仅是为了让青少年了解课本上的知识点，更重要的是传递正向的、健康的审美情趣和审美观念。通过日常社会教学实践和探索，湖北明清古建筑博物馆应该进一步将知识小课堂打造成一场结合古建筑美学和陶瓷器美学的探索旅程，通过艺术创作表达和思考自我，感受艺术日常化的状态；激发青少年的好奇心和求知欲，充分调动他们的学习积极性，让教育自然而然发生，让知识无感传递。在博物馆社会教育课程中，课程设计必须要让青少年厘清物质文化遗产与经济、政治、哲学、宗教、科技等方面的关系，形成一个大致的文化观念，确立他们对中国传统文化内蕴的初步印象；引导青少年在欣赏古建筑、陶瓷文物形式美的同时，钻研建造技法、制陶瓷技法方面的知识，更深层次挖掘传统物质文化的精神内涵，做到"知其然，知其所以然"。

随着疫情渐渐结束，出游需求空前旺盛，博物馆研学旅行越来越热门。研学旅行就是将校内知识学习和校外生活实践充分结合，深度融合书本知识和生活经验，开展素质教育的新方式。为了促进研学旅行的健康发展，国家也出台了相应政策，发布了《关于推进中小学生研学旅行的意见》和《研学旅行服务规范》。博物馆作为青少年重要的校外学习场所，要积极贯彻落实国家相关政策精神，充分发挥课外育人功能，加强研学活动的开展。湖北明清古建筑博物馆要牢牢抓住研学旅行兴起的机遇，拓展研学事业，深挖博物馆特色，做好研学项目策划，加强与相关机构的合作，打造独特的研学品牌，促进多方发展达到共赢。湖北明清古建筑博物馆研学项目，可以依托馆藏陶瓷文物丰厚的历史文化资源，结合学校课堂相关知识，以海上丝绸之路文化、水下考古、文物保护修复、陶瓷器制造工艺等为主题，策划一系列参与度高、互动性强、寓教于乐的社教活动。利用社教活动充实课堂形式，激发青少年的学习兴趣，弥补学校教学资源不足的缺点。利用博物馆陶瓷文物资源和文化元素，提高青少年的审美能力，培养本土文化情感，坚定传统文化自信，促进博物馆进一步健康发展。在研学过程中，观众可先通过参观湖北明清古建筑博物馆的各项展览，深入了解文化遗产保护与传承的优秀成果，学习各类遗址保护策略、古建筑相关知识，增强热爱传统文化和保护文化遗产的意识。接下来，再由博物馆社教人员重点讲述馆藏海捞瓷器前世今生的故事，让观众感受古代出海远航的艰辛、货通万国的豪情和海上丝绸之路光彩夺目的历史。同时，博物馆社教团队可针对陶瓷文物主题展览自主开发内含研学手册和特色纪念品的学材包。研学手册以馆藏陶瓷文物展览相关内容和历史知识为基础，列举出几个紧扣展览内涵的开放式思考题，让参与者带着问题参观展览，参观结束后通过讨论答题加深印象。

在研学旅行发展迅速的今天，博物馆紧抓机遇开展研学活动不仅仅是青少年教育的需求，也是博物馆服务社会的要求。社会教育是博物馆的主要职责，其内容形式具有多样性，面对不同的群体、不同的环境，教育方式不尽相同，组织的社教活动也不尽相同。湖北明清古建筑博物馆可针对低龄小观众设计陶艺 DIY 活动，可以安排年龄稍大的参观者与文保专家互动和参与文物保护修复模拟体验活动。湖北明清古建筑博物馆要依托丰富的馆藏资源，宣传弘扬中华民族优秀传统文化，展现新时期文化遗产保护事业伴随社会经济发展而取得的重要成果。博物馆要想形成独特的研学品牌，必须要有高素质的研学队伍开展富有特色的研学活动，同时尽可能开发相匹配的研学读物辅助活动开展，为中小学生的研学旅行提供重要的载体。

至于陶瓷器相关知识讲座、课题研讨会、文化论坛、科研座谈会、学术沙龙等社会教育拓展活动，要求举办单位必须具有相应经济实力和学术积累，像湖北明清古建筑博物馆这样的中小型博物馆，往往很难将此类社会教育活动办出彩。湖北明清古建筑博物馆适合举办流动性主题展览进校园、进军营、进社区等类型的活动，为此必须加强合作，定期带着陶瓷器标本、陶瓷文物复制品以及相关教具、图片和视频主动走出去，为公众带去陶瓷器知识宣传、文化遗产保护讲座等文化盛宴，逐渐提高博物馆影响力，增强公众热爱传统文化、保护文化遗产的意识。

（四）多媒体宣传

当今时代是一个信息大爆炸的时代，人们每天获取数以万计的信息，优质的陈列展览必须配以优秀的宣传方式，否则只能被湮没在信息流中，无法获得需要的关注。随着科技发展和人们生活习惯的改变，网络媒体成为当今最主要的宣传方式。2020年年初以来，为了控制新冠肺炎疫情，湖北省内的公共文化服务机构基本上都采取了闭馆措施。湖北明清古建筑博物馆顺应疫情时期新形势和新要求，借助官方微信公众号推送文章，普及传统文化知识，拉近与社会公众的距离；积极探索线上直播网络教育资源，更新现有教育设计理念，策划设计了博物馆教育新课程。新宣传理念的加入，为湖北明清古建筑博物馆未来教育资源的系统提升和服务水平提高起到了积极的作用。

近年来，互联网、大数据、云计算、5G、人工智能等网络通信技术，赋予博物馆领域新的发展机遇。为了营造真实的沉浸式展览体验，帮助观众理解展览主题，解决展览空间和时间的局限性问题，许多博物馆在实物、文字、影像、辅助展品等之外，引入二维码、VR、AR等多媒体技术进行更高级别的数字化展示。比如，广东省博物馆推出的"牵星过洋——万历时代的海贸传奇展"中，展厅和图录就运用了3D展示、知识加油站、游戏、动画、触摸屏等多种方式解读展览和展品信息。西安博物院陶瓷展厅采用3D投影技术构建了陶瓷三维成像系统，通过数字化展示陶瓷器，形成动态视觉体验，便于观众观察器物各个细节。适量、合理的多媒体组合交互，有利于改善观众的参观体验，有利于博物馆讲好文物故事，实现从"以物为主"向"以人为本"的有效转变。

从馆藏陶瓷文物展示利用的角度出发，湖北明清古建筑博物馆在依托出水瓷器文物演绎主题、阐明思想、传播知识的同时，也要善用数字化技术进行数字化展示。一方面，湖北明清古建筑博物馆应该借鉴行业优秀经验，在文化传播中更深层次借助微博、抖音、快手、微信视频号等平台的突出作用，构建博物馆官方宣传平台矩阵，以新颖的形式向观众尤其是青少年儿童，传播历史文化遗产和传统文化知识，展示中华文化的独特魅力；另一方面，促进博物馆展示与数字化展示相结合，加快藏品与展览数字化平台建设，将更多的展览搬上线上展厅，将数字化藏品与展览以全新的方式展示给大众；借助互联网等技术对外宣传最新展览，普及最新文物藏品研究成果，拓宽大众自主获得文物知识的途径，便于相关科研学者获取研究资料。在具体操作层面，可以从馆藏瓷器文物本身、文物来源、文物与其他文物之间的关系等维度进行深入挖掘，寻找契合的宣传点。在这一过程中，湖北明清古建筑博物馆要紧扣各平台用户差异设计不同宣传文案，避免在不同平台上推出重复表达的内容；要找到创新点，将内容通过鲜活有趣的方式呈现，避免大篇枯燥乏味、专业性极强的文字单向输出，注重使用现代科技手段增加互动交流、丰富表达形式。

第四章
湖北明清古建筑博物馆瓷器文物精品赏析

青釉花口瓷碗

宋

二级文物

高 6.8 厘米，口径 19.1 厘米，底径 6.0 厘米

青釉吉字款敞口瓷碗

宋

二级文物

高 6.3 厘米,口径 23.7 厘米,底径 7.5 厘米

青釉篦划波浪纹敞口瓷碗

宋

二级文物

高 6.2 厘米，口径 19.6 厘米，底径 6.7 厘米

青釉篦划花卉纹敞口瓷碗

宋

二级文物

高 5.4 厘米，口径 17.8 厘米，底径 6.2 厘米

青釉篦纹瓷碗

宋

二级文物

高 5.5 厘米, 口径 15.7 厘米, 底径 6.3 厘米

青釉篦纹瓷碗

宋

三级文物

高 5.5 厘米,口径 15.6 厘米,底径 6.4 厘米

青白釉篦划纹瓷碗

宋

三级文物

高 5.4 厘米，口径 18.8 厘米，底径 6.5 厘米

青白釉篦划纹瓷碗

宋

三级文物

高 5.4 厘米，口径 18.8 厘米，底径 6.5 厘米

青釉篦纹瓷碗

宋

三级文物

高 5.1 厘米，口径 15.9 厘米，底径 6.7 厘米

青釉篦划波浪纹敞口瓷碗

宋

三级文物

高 5.4 厘米,口径 19.3 厘米,底径 6.3 厘米

青釉篦纹直口瓷碗

宋

三级文物

高 7.8 厘米，口径 17.7 厘米，底径 5.7 厘米

青釉折沿瓷碗

宋

三级文物

高 5.0 厘米, 口径 18.7 厘米, 底径 7.5 厘米

青白釉带盖瓷粉盒

宋

三级文物

高 3.7 厘米，口径 7.0 厘米，底径 6.4 厘米

青白釉带盖瓷粉盒

宋

三级文物

高 3.7 厘米，口径 7.1 厘米，底径 6.0 厘米

青白釉带盖瓷粉盒

宋

三级文物

高 3.6 厘米，口径 7.0 厘米，底径 6.1 厘米

青白釉带盖瓷粉盒

宋

三级文物

高 3.6 厘米，口径 6.6 厘米，底径 5.9 厘米

青白釉磨印牡丹菊瓣瓷圆盒

宋

三级文物

高 6.5 厘米，口径 11.7 厘米，底径 10.2 厘米

青白釉磨印牡丹菊瓣瓷圆盒

宋

三级文物

高 6.2 厘米，口径 11.7 厘米，底径 10.5 厘米

青白釉磨印牡丹八方瓷盒

宋

三级文物

高 6.7 厘米，口径 11.5 厘米，底径 10.4 厘米

青釉带盖瓷粉盒

宋

三级文物

高 3.6 厘米，口径 7.3 厘米，底径 6.3 厘米

青白釉带盖瓷粉盒

宋

三级文物

高 3.2 厘米，口径 6.9 厘米，底径 6.2 厘米

四系瓷罐

宋

三级文物

高 25.6 厘米，口径 9.9 厘米，底径 10.4 厘米

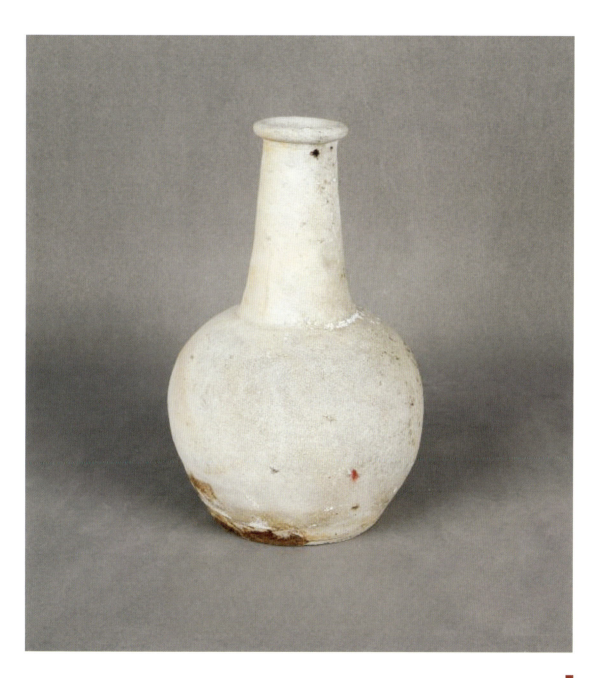

直颈瓷瓶

宋

三级文物

高 25.5 厘米，口径 5.3 厘米，底径 11.0 厘米

瓷瓶

宋

三级文物

高 19.4 厘米，口径 3.0 厘米，底径 6.2 厘米

扁瓷罐

宋

三级文物

高 11.4 厘米, 口径 4.8 厘米, 底径 11.1 厘米

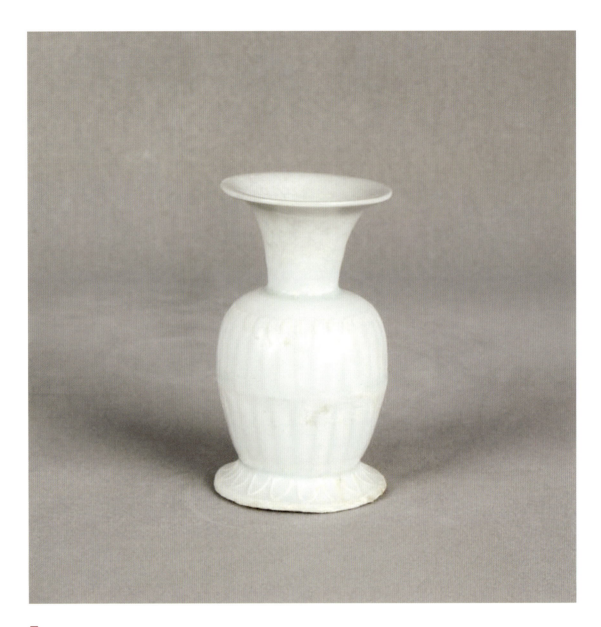

白釉菊瓣形撇口瓷瓶

宋

三级文物

高 9.80 厘米,底径 5.60 厘米

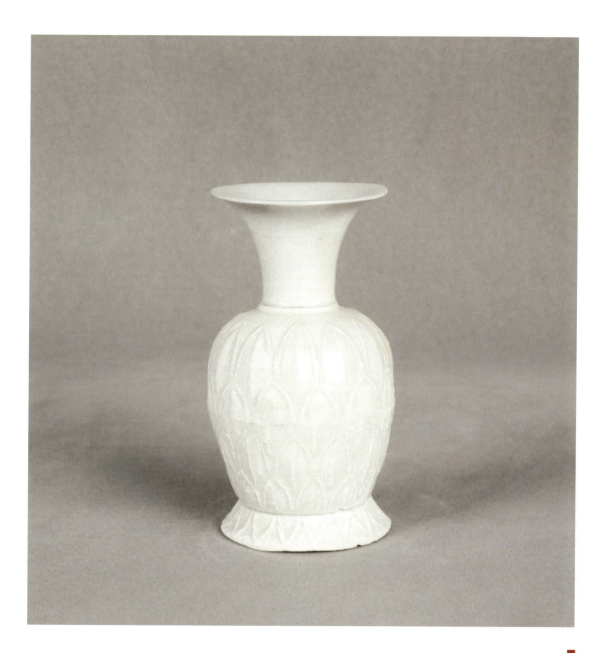

白釉菊瓣形撇口瓷瓶

宋

三级文物

高 11.4 厘米，口径 5.90 厘米，底径 5.70 厘米

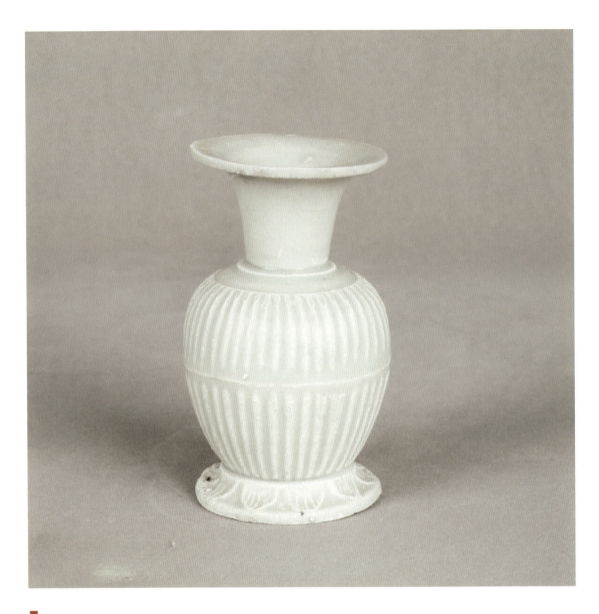

白釉菊瓣形撇口瓷瓶

宋

三级文物

高 9.6 厘米，口径 6.4 厘米，底径 5.2 厘米

白釉菊瓣形撇口瓷瓶

宋

三级文物

高 10.5 厘米，口径 5.90 厘米，底径 5.50 厘米

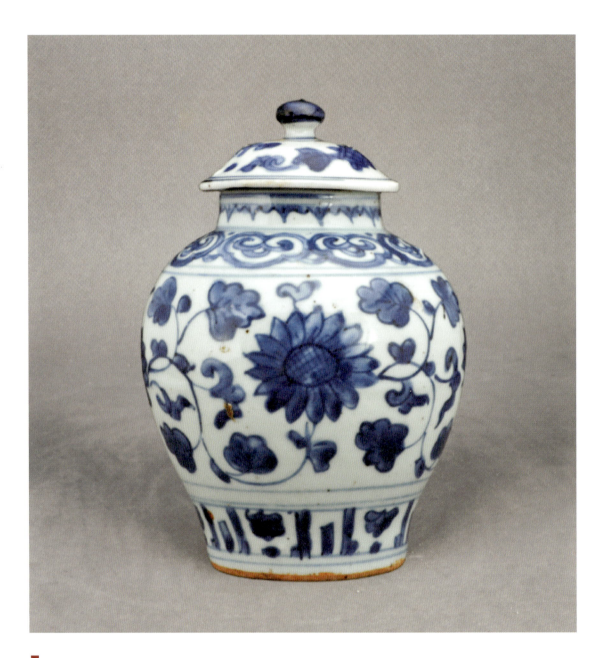

青花缠枝菊纹小盖罐

明

三级文物

高 14.5 厘米，口径 5.2 厘米，底径 6.3 厘米

青花海兽纹小盖罐

明

三级文物

高 15.0 厘米，口径 5.5 厘米，底径 6.1 厘米

青花螭龙莲纹小盖罐

明

三级文物

高 14.5 厘米，口径 5.2 厘米，底径 6.0 厘米

青花莲塘鸳鸯纹小盖罐

明

三级文物

高 15.5 厘米，口径 5.1 厘米，底径 6.0 厘米

青釉篦划叶纹瓷碗

南宋

高 7.1 厘米, 口径 26.2 厘米, 底径 9.2 厘米

青釉吉字款敞口瓷碗

宋

高 7.0 厘米，口径 23.8 厘米，底径 7.2 厘米

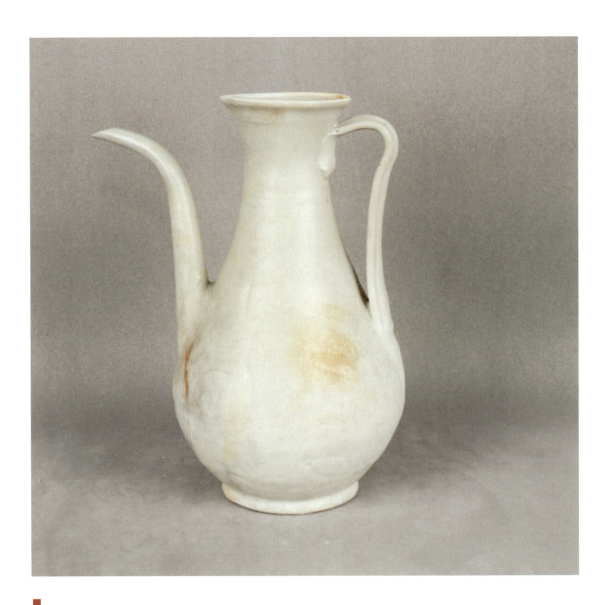

青釉瓷执壶

宋

高 3.2 厘米，口径 6.9 厘米，底径 6.2 厘米

瓷罐

宋

高6.0厘米，口径2.0厘米，底径4.1厘米

青花喜字瓷罐

清

高 20.6 厘米, 口径 9.5 厘米, 底径 15.5 厘米

青花釉里红鱼纹瓷盘

清

高 4.1 厘米，口径 21.2 厘米，底径 12.8 厘米

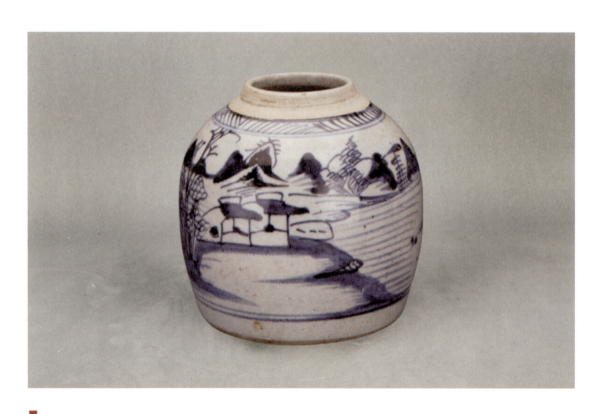

青花山水纹瓷罐

清

高 15.8 厘米, 口径 7.6 厘米, 底径 14.2 厘米

青花瓷笔架

清

高 7.5 厘米, 进深 3.4 厘米, 宽 9.5 厘米

青花瓷水盂

清

高 4.7 厘米，口径 5.2 厘米，底径 3.7 厘米

粉彩花卉瓷盘

中华民国时期

高 2.2 厘米，口径 13.5 厘米，底径 7.8 厘米

粉彩喜字瓷盘

中华民国时期

高 2.3 厘米,口径 13.1 厘米,底径 7.5 厘米

粉彩带盖瓷壶

中华民国时期

高 11.1 厘米，口径 4.0 厘米，底径 6.6 厘米

粉彩瓷碗

中华民国时期

高 5.5 厘米，口径 16.5 厘米，底径 9.3 厘米

参考文献
References

[1] 李奇.把瓷玩美:一位古瓷修复专家的手迹[M].武汉:武汉理工大学出版社,2014.

[2] 马燕如.一批特殊的西沙出水陶瓷器脱盐保护方法概述[C]//中国化学会应用化学会学科委员会.文物保护与修复纪实——第八届全国考古与文物保护(化学)学术会议论文集.广州:岭南美术出版社,2004:16-24.

[3] 黄晓宏.浅谈宋元时期海上丝绸之路陶瓷贸易[J].丝绸之路,2010(14):23-26.

[4] 董健丽.论浙江和福建的珠光青瓷[J].东方博物,2011(01):78-84.

[5] 杜志政.宋代外销瓷的璀璨明珠:汀溪窑珠光青瓷[J].东方收藏,2011(10):60-62.

[6] 陈万里.调查闽南古代窑址小记[J].文物考古资料,1957(9):56-59.

[7] 庄为玑.浙江龙泉与福建的土龙泉[C]//中国考古学会第三次年会论文集(1980),北京:文物出版社,1984.

[8] 李辉柄.福建省同安窑调查纪略[J].文物,1974(11):80-84.

[9] 孟原召.泉州地区古代瓷业遗存的发现与研究[J].水下考古,2018(0):138-164.

[10] 林忠干,张文崟.同安窑系青瓷的初步研究[J].东南文化,1990(5):391-397,390.

[11] 叶文程.中国古陶瓷标本:福建汀溪窑[M].广州:岭南美术出版社,2022.

[12] 李启慧.云霄水头窑址出土器物的初步研究[D].厦门:厦门大学,2019.

[13] 吕睿.宋元贸易瓷中的篦梳纹装饰及其在海外之影响[C]//厦门市博物馆,泉州市博物馆.福建陶瓷与海上丝绸之路:中国古陶瓷学会福建会员大会暨研讨会论文集.长春:东北师范大学出版社,2016:341-347.

[14] 王晓娜.宋代青瓷刻划花莲纹特征的演变规律研究[D].景德镇:景德镇陶瓷学院,2011.

[15] 宁钢,沈塔.论宋代篦纹及其艺术特点[J].中国陶瓷工业,2009,16(3):49-51.

[16] 李兵.论"半刀泥"技法在宋代陶瓷装饰中的运用[J].中国陶瓷,2016,52(8):101-104.

[17] 施群颖.新石器至青铜时期平潭地区的陶器纹饰研究[D].福州:福建师范大学,2020.

[18] 甘欣欣.离子色谱及其样品前处理技术在文物保护中的应用和进展[J].文物鉴定与鉴赏,2021(4):51-54.

[19] 李乃胜.海洋出水瓷器保护研究[M].北京:科学出版社,2017.

[20] 高文虹,王建文.上海青龙镇遗址出土闽清义窑瓷器初步研究[J].福建文博,2017(2):15-23.

[21] 孟原召.华光礁一号沉船与宋代南海贸易[J].博物院,2018(2):11-26.

[22] 陈浩天."南海Ⅰ号"出水墨书陶瓷器概述[J].文物天地,2020(2):34-36.

[23] 广东省博物馆.大海道:"南海Ⅰ号"沉船与南宋海贸[M].广州:岭南美术出版社,2019.

[24] 秦大树.中国古代陶瓷外销的第一个高峰——9～10世纪陶瓷外销的规模和特点[J].故宫博物院院刊,2013(5):32-49,162.

[25] 陈克伦.印尼"黑石号"沉船及其文物综合研究[J].文物保护与考古科学,2019,31(4):10-17.

[26] 刘未.中国东南沿海及东南亚地区沉船所见宋元贸易陶瓷[J].考古与文物,2016(6):65-75.

[27] 福建沿海水下考古队.福建沿海水下考古调查[J].文物,2014(2):29-40,1,97.

[28] 王元林,肖达顺."南海Ⅰ号"宋代沉船2014年的发掘[J].考古,2016(12):56-83,2.

[29] 康甲胜.试析中小型博物馆面临的困境及对策[M]//张启龙.文博论集.北京:中央编译出版社,2000.

[30] 刘小梁.文物鉴定[M].长春:吉林摄影出版社,2004.

[31] 詹静.浅议基层博物馆的藏品保管工作[J].博物馆研究,2005(2):84-87.

[32] 刘晓霞,朱兵,王健,等.文物保护法通论[M].北京:中国城市出版社,2005.

[33] 刘名俭,周霄.湖北导游词精粹[M].北京:中国旅游出版社,2005.

[34] 《博物馆概论》编写组.博物馆学概论[M].北京:高等教育出版社,2019.

[35] 王宏钧.中国博物馆学基础(修订本)[M].上海:上海古籍出版社,2001.

[36] 詹长法.预防性保护问题面面观[J].国际博物馆(中文版),2009,(3):96-99.

[37] 任京培.博物馆陈列藏品的预防性保护研究[C]//北京博物馆学会.博物馆藏品保管学术论文集.北京:中国林业出版社,2009:398-403.

[38] 喻学才,杨慧.湖北木兰湖明清古民居迁建项目[J].建筑与文化,2010(5):36-41.

[39] 吴来明,徐方圆,周浩.预防性保护理念下的博物馆藏品保存环境对策与实践[C]//东亚文化遗产保护学会,内蒙古博物院,中国文物保护技术协会.东亚文化遗产保护学会第二次学术研讨会论文集.北京:科学出版社,2011.

[40] 李文静,陈岳,李乃胜,等."华光礁Ⅰ号"沉船出水瓷器"保护性损伤"量化评估的ICP-AES分析[J].光谱学与光谱分析,2015,35(3):772-776.

[41] 龚丹.试论藏品管理体系建设在实现中小博物馆可持续发展中的重要作用[C]//中国博物馆协会博物

馆学专业委员会.中国博物馆协会博物馆学专业委员会 2015 年"致力于社会可持续发展的博物馆"学术研讨会论文集.北京:中国书店,2015:83-90.

[42] 杨华芳.博物馆文物保存环境微探[J].传承,2016(1):142-145.

[43] 陈颢.昆明市博物馆馆藏文物保存环境初探[C]//中国文物保护技术协会,重庆市文化遗产研究院.中国文物保护技术协会第九次学术年会论文集.北京:科学出版社,2016:308-316.

[44] 切萨雷·布兰迪.修复理论[M].陆地,编译.上海:同济大学出版社,2016.

[45] 李涛.展厅文物保护探析——以"荟雅南州"展为例[J].博物馆研究,2017(4):53-58.

[46] 王文刚.预防性保护理念下博物馆文物保存环境的改造与提升[J].文艺生活·下旬刊,2017(9):230-231,239.

[47] 焦成.基层博物馆藏品管理与保护探讨[J].遗产与保护研究,2018,3(4):91-93.

[48] 熊行正,彭知福.木兰山古建筑群[J].档案记忆,2018(10):11-12,50.

[49] 吕东亮.景德镇陶瓷类博物馆展览陈列的现状与发展[J].中国文艺家,2018(10):264-265.

[50] 张金凤.中小博物馆的陈展之痛——简议中小博物馆的陈展问题与解决之道[J].文物鉴定与鉴赏,2018(13):102-105.

[51] 周翠微,李敏.我国馆藏文物预防性保护现状及实践探讨——以自贡市盐业历史博物馆为例[J].文物鉴定与鉴赏,2018(15):110-115.

[52] 王畅.浅析馆藏文物的预防性保护[J].文物鉴定与鉴赏,2019(11):146.

[53] 毛敏.博物馆展示"海上丝绸之路"的思考与探索:以"CHINA 与世界"展览为例[J].长江丛刊,2019(11):101-102.

[54] 李妮,潘禄明.崇左市壮族博物馆馆藏文物预防性保护实践[J].文物鉴定与鉴赏,2019(20):101-103.

[55] 刘英英.论中小型博物馆藏品的预防性保护——以泉州市博物馆为例[J].中国民族博览,2019(12):206-207,234.

[56] 王胜兰.黔东南州民族博物馆可移动文物预防性保护之实践[J].神州,2019(23):19-20.

[57] 王敏.新时期如何有效发挥县级博物馆社会教育功能[J].文物鉴定与鉴赏,2020(1):130-131.

[58] 张晋锋.探究博物馆馆藏文物的预防性保护[J].文物鉴定与鉴赏,2020(9):154-156.

[59] 侯静敏.陕西省博物馆文物保存环境及预防性保护情况的调查分析[J].文物鉴定与鉴赏,2020(18):66-69.

[60] 张苊坤,田甜.构建博物馆数字沉浸式展览的研究与实践——以"运河上的舟楫"展览为例[J].中国博

物馆,2022(1):67-72.

[61] 梁文杰.瓷器专题展的策展探索与实践——以常州博物馆"春花烂漫"展为例[J].东南文化,2022(S1):
79-81.

[62] 李兆希,许潇笑.近十年来"海上丝绸之路"主题展览策划的探究——以外销品为展示对象的展览为例
[J].国家航海,2022(2):147-170.

[63] 盛经纬."预防性保护"理念下文物保存环境实践与研究——以金华市博物馆为例[J].文物鉴定与鉴
赏,2022(3):44-47.

[64] 刘晓.安吉县博物馆可移动文物预防性保护的实践与思考[J].科学教育与博物馆,2023,9(2):96-101.

[65] 武艳飞.馆藏可移动文物预防性保护浅析——以大连博物馆为例[J].文物鉴定与鉴赏,2023(4):70-73.